重构商业模式

| 典藏版 |

魏炜 朱武祥 ／著

机械工业出版社

CHINA MACHINE PRESS

图书在版编目（CIP）数据

重构商业模式：典藏版 / 魏炜，朱武祥著. —北京：机械工业出版社，2024.1
ISBN 978-7-111-74715-4

Ⅰ.①重…　Ⅱ.①魏…②朱…　Ⅲ.①企业管理–商业模式–研究　Ⅳ.①F272

中国国家版本馆CIP数据核字（2024）第001816号

机械工业出版社（北京市百万庄大街22号　邮政编码100037）
策划编辑：孟宪勐　　　　　　　责任编辑：孟宪勐　　杨振英
责任校对：贾海霞　　陈立辉　　责任印制：郜　敏
三河市宏达印刷有限公司印刷
2024 年 5 月第 1 版第 1 次印刷
170mm×230mm · 14.5印张 · 3插页 · 182千字
标准书号：ISBN 978-7-111-74715-4
定价：99.00元

电话服务　　　　　　　　　　　网络服务
客服电话：010-88361066　　　　机　工　官　网：www.cmpbook.com
　　　　　010-88379833　　　　机　工　官　博：weibo.com/cmp1952
　　　　　010-68326294　　　　金　书　网：www.golden-book.com
封底无防伪标均为盗版　　　机工教育服务网：www.cmpedu.com

再回首，商业模式探索之旅

2004 年一个偶然的机会，我们发现"商业模式"是一个可以令所有企业家兴奋的话题，从此开始了商业模式探索之旅。一开始，我们发现关于商业模式的概念和理论非常混乱，万般无奈之下采取了一个折中的处理办法：一方面，把当时能找到的 30 余个商业模式概念打印出来，放在办公桌旁，有事没事常念念；另一方面，直接寻找那些有趣的商业模式案例，然后把它们讲给周围的企业家听，以至于现在，几乎每天都有几个甚至十几个企业家要求见面交流。

持续且巨大的需求（过去 30 年，中国企业家对某个管理理论的持续关注时间，从来没有超过 3 年！）激励和逼迫我们不断思考：什么模式是好的商业模式，如何设计出一个好的商业模式？功夫不负有心人。两年多后的某一天，我们两人的脑中几乎同时跳出了一个非常有共鸣的"商业模式的定义"：利益相关者的交易结构！很快，"六要素商业模式"模型便诞生了。

非常幸运的是，2006 年年底我们又遇到了《创富志》的主编张信东。在他更高要求的"鞭策"下，我们连续七年一期都没落下地写出了诸多商业模式案例，总结并提炼出了各种商业模式理论所需要的构件。

理论建设是痛苦的。我们要学会"无中生有"，建立自己最擅长的阵地。这既需要一整套逻辑一致的概念，又需要能对各种已知和未知的商业模式进行分类，还需要有分析、解释这些概念和分类之间"因果关系"的

能力。尤其当我们发现，数百年前植物学家和动物学家就能把地球上数十万种物种妥妥地分类的时候，偶尔心中也会不由得觉得自己很渺小。但大部分时候，我们能想到的还是愚公移山的故事：只要不停地写，老天总会派人来帮你们这帮人的！

在写作过程中，我们发现商业模式是不分行业的。在一个行业可以成功的商业模式，放在另外一个行业照样可以创造辉煌。我们还发现，同一个行业也可以有很不一样的商业模式，甚至对战略管理中的一个定律进行猜想：一个行业最后仅会剩下三五家垄断型的大企业，本质上这几家企业的商业模式是否肯定是不一样的？

我们发现一家企业的商业模式是不断变化的，有渐变的，也有突变的。我们把渐变的叫作演化，把突变的叫作重构，并写了一本与《发现商业模式》同样畅销的《重构商业模式》。

我们还发现"技术"真的很需要"商业模式"的帮助。同样一项技术，可以在非常不一样的商业模式下运用，相应的企业绩效也许都很不错，但一定有一个能令企业价值最大化的商业模式。反过来，一个好的商业模式也可以引领技术的发展方向，就像美国的很多创新技术都是由商业模式引领的一样。

我们发现商业模式和企业战略是两个不同的概念：同一个商业模式可以用很不一样的战略来驾驭，同一个战略也可以用很不一样的商业模式来实现。我们发现任何组织都是有商业模式的：营利性公司有商业模式，慈善和公益等非营利组织有商业模式，政府组织也有商业模式，甚至个人都有商业模式。我们的《慈善的商业模式》一书，可能是世界上第一本讲公益组织商业模式的图书。

我们还发现同一个行业内，企业的商业模式可以不一样，它们之间同样存在竞争。不是"同物种"间的竞争，而是"不同物种"间的竞争，或由"不同物种"间的竞争演变为"同物种"间的竞争。

在写作过程中，我们还发现商业模式是一个全息结构，商业模式模型的每个要素——定位、业务系统、盈利模式、关键资源能力、企业价值都包含整体的完整信息。这也成了《商业模式的经济解释》一书的主题。当"商业生态"这个词开始流行的时候，我们又发现在商业生态系统（以焦点企业为中心的持续交易的利益相关者形成的聚合体）和商业模式之间还有一个非常重要的对象：共生体，即持续交易的利益相关者和其扮演的角色的集合。一个个相同或不同的共生体（生态系统）的实例组成了行业生态，不同的行业生态又组成了纷繁复杂的商业生态。

转了一大圈，我们发现原来商业模式可以像物理学、几何学和工程学一样来研究。例如，从事某个业务活动的主体是角色，角色类似于原子，共生体类似于分子，角色相同、角色的交易关系不同的共生体与分子中的同分异构体竟然是相同的！商业模式的三大定律、三大原理、六大定理也写在了2014年首次出版的《商业模式的经济解释Ⅱ》一书中！

在与众多专家、学者和企业交流商业模式的过程中，我们还发现很多差异化的商业模式都来源于盈利模式，也就是收支来源和收支方式的不同。以往我们对定价的认知仅仅是"由供需决定价格高低"这一个维度，现在我们突然发现从商业模式视角看价格，实际上还有另外三个维度：反映收支来源的定向、反映收支方式的定性、反映现金流结构的定时。这三个维度的确定取决于交易价值、交易成本和交易风险决定的价值增值，而并非取决于供需。当我们发现了收支来源和收支方式的完整理论后，中文版《透析盈利模式》就这样出版了。

众所周知，商业模式概念是从战略管理理论中分化出来的，战略、商业模式、共生体三者之间是什么关系？《超越战略：商业模式视角下的竞争优势构建》就试图回答这个问题。我们发现战略是站在企业边界做的决定企业竞争优势的选择，商业模式是站在商业生态系统边界做的决定企业竞争优势的选择，而共生体是站在行业生态系统群的视角做的决定企业竞

VI

争优势的选择！一旦看到了这样的图景，能全面、深度、透彻刻画和分析行业竞争格局的三度空间、能区分决策范围的焦点思维和格局思维等概念就产生了。基于此概念的企业（顶层）设计理论随之也能顺理成章地完善起来。

展望未来，一座宏大的商业模式建筑群已经冉冉升起……就在那里！

19年过去了，蓦然回首，身后的商业模式生态建设工地上早已灯火通明，四处立满了脚手架，主体也已建起了大半。令人欣喜的是，队伍中不但一个人也没落下，而且还增加了很多。向前看，更让人激动不已的是，已经有好几路队伍前来帮忙了！哈，曾经的海市蜃楼就要变成现实了，感恩！

魏炜

2023 年 11 月 1 日

可以说，这是一本关于企业长生不老的书。

长生不老？这可能吗？沃伦·巴菲特的老搭档查理·芒格说："我只想知道我将丧生何处，那么我就绝不会去那个地方。"本书作者认为，企业生命周期有六个阶段，在其中三个阶段，最有可能毁灭一个企业，也最有可能成就一个企业。其差别就在于，是否进行了商业模式重构。

本书的作者魏炜和朱武祥，自《创富志》杂志创办以来，一直为我们撰写"商业模式"专栏，并首次提出企业要通过不断进行"商业模式重构"来获得新生，我们为那篇文章起了一个哗众取宠的标题"不老神丹——就是商业模式重构"。

这也不算夸张。那些伟大的企业，无论是IBM、通用电气，还是可口可乐，都经历过多次的商业模式重构，并因此一次次获得新生。

本书将企业的生命周期分为以下六个阶段：起步、规模收益递增、规模收益递减、并购整合、垄断收益递增、垄断收益递减。如果一家企业在起步、规模收益递减和垄断收益递减三个阶段中，抓住契机，重构商业模式，就可以逃脱生命周期的束缚，脱胎换骨，获得新生。

如何重构？可以从商业模式的六个要素着手，重构其定位、业务系统、盈利模式、关键资源能力、现金流结构，最终实现企业价值的最大化。书中关于每一个要素的重构，都以一些精练的案例（很多是中国本土企业的案例）加以说明。

这正是本书最独特的魅力，即使你不同意本书关于商业模式的定义，不同意其观点，也能从这些案例的思考轨迹中获得启发，激发你重构商业模式的思考。

除了案例，本书还运用了许多启发性很强的词语。比如作者提出重构商业模式的几个方向：从固定成本结构变为可变成本结构；从重资产到轻资产；盈利来源多样化；利益相关者角色多元化；利益相关者的交易结构从刚硬到柔软。

这些形象的语言，虽然像是对一些现象的描述，但对于尚处于起步阶段的商业模式研究来说，可能是最好的论述方式了吧。这些思考，结合每个企业家的实践经验，也许会迸发出巨大的创造力。

阅读本书的理由，不是要去回顾那些伟大的企业在一次次商业模式重构中获得新生的传奇，而是因为到了 21 世纪，我们已经跨入了一个商业模式竞争的时代，一个企业是否拥有商业模式的重构能力，将成为其能否生存的关键。

彼得·德鲁克一向高瞻远瞩，他认为，人类在 20 世纪之所以取得空前成就，是因为通过泰勒的管理创新，将体力工作者的生产率提高了 50 倍，由此诞生出一批伟大的企业。而在 21 世纪的伟大企业，则要找到方法，提高知识工作者的生产率。如何提高？德鲁克没留下明确答案。我猜想，这也许正是商业模式重构要解决的问题。

张信东

《创富志》杂志出版人

通用可以不破产吗

通用汽车危机的深层次根源

2009 年 6 月 1 日，成立于 1908 年，曾雄踞全球最大汽车制造商地位长达 77 年、数十年位居《财富》销售收入 500 强榜首的美国"百年老店"通用汽车公司，因严重的资不抵债最终宣布破产保护。

实际上，受金融危机等因素影响，通用汽车在陷入经营和财务困境后，遍寻药方，希望力挽狂澜：出售欧洲业务，求助丰田汽车出资购买其部分资产，甚至还寻求向中国民营企业出售悍马品牌；债转股削减债务 270 亿美元，说服美国汽车联合工会通过其退休人员健康保障基金持股 20%，降低固定福利；接受美国政府出资数百亿美元填补其巨大的"窟窿"；宣布裁减 10 000 名受薪员工，占其员工总数的 14%。

分拆或者出售若干非核心业务，剥离不良资产，归核瘦身；关闭一些工厂，裁员降本；重组债务，降低负债率；再收购与核心业务相关的其他企业，强化核心优势业务，这种以业务加减法为重点的重组模式，是欧美大公司面临经营和财务危机时惯用的做法。通用汽车更是多次运用从而渡过难关，起死复生。

这次通用汽车用尽重组手段，甚至美国政府出手数百亿美元相救。

很多人指出通用汽车深重危机的原因：对汽车消费需求潮流的变化方向判断失误；规模巨大的惯性和官僚体系导致对变化反应迟缓；美国汽车

工人联合会的强大势力和庞大的福利支出，增加了通用汽车的成本。每生产一辆车，通用的医疗保险费支出达到 1 500 美元，而丰田只有 110 美元。

但我们更认同全球企业领袖比尔·盖茨的观点：通用汽车的商业模式和成本结构，已经不为投资者和消费者所接受。

通用汽车虽然多次重组，包括业务、资产重组和流程再造，但一直没有真正的变革，即没有重构其历史上获得过巨大成功的商业模式。因此，销售规模越大，资产及人员成本等固定成本费用越高，越积重难返。一些投资银行认为，即便这次通用汽车成功摆脱破产威胁，如果不重构商业模式，未来也和破产没什么两样。

商业模式重构时代来临

商业模式重构已经受到越来越多的企业重视。

早在 1998 年，Mercer 咨询公司就分析过，1980～1997 年，标准普尔 500 公司的股票市值年均增长 12.3%；市场份额领先的大公司，股票市值年均增长只有 7.7%；而商业模式重构后的公司，股票市值年均增长 23.3%。1990～1996 年，销售收入增长率和营业利润增长率前 15 名的公司，很多并没有进入股东价值增长率高的前 15 名。

1998～2007 年，在成功晋级《财富》世界 500 强的 27 家企业中，有 11 家认为它们成功的关键在于商业模式重构。

经过 2008 年的金融危机，商业模式重构更是成为越来越多企业的共识。2008 年，IBM 对一些企业的首席执行官的调查：几乎所有接受调查的首席执行官都认为任职公司的商业模式需要调整；2/3 以上的人认为有必要进行大刀阔斧的变革。其中有一些已经成功地重构了商业模式，例

如，IBM不仅按常规重组了业务和资产，再造了业务流程，更进一步重构了商业模式，因此得以返老还童，呈现鹤发童颜！

同样深受金融危机影响但仍实现了盈利的陶氏化学中国区CEO麦健铭指出："不断变革是我们最大的优势，是陶氏在经济危机下实现盈利的关键，而不是很多人以为的陶氏的资产和生产流程。""陶氏化学一直在应势而变，因此虽历经百年，却仍然像一个年轻的公司。"

2009年年初，陶氏化学宣布将从高度集中和标准化的模式，变革成由一个精简的公司中心、一个共享的业务服务集团和三大业务运营模式组成的新型架构。

三大运营模式分别对应三类不同业务。

第一种模式主要针对基础塑料和基础化学品等大宗化学产品。之前，陶氏采取自建并拥有制造设备的模式，资产重，运营成本高。现在，陶氏采取与当地大型化工企业合资投产的模式，投入成本低了，风险也得到很好的管理。

第二种模式针对功能性产品，陶氏购买原材料后改造成高附加值产品。

第三种模式针对更新换代快的产品，陶氏及时听取客户的反馈意见，快速决策、快速跟进。

陶氏化学的变革，实质上就是重构商业模式。2009年第四季度，陶氏的销售额达到124.7亿美元，较2008年同期大幅增长14.9%，明显好于分析师此前所预期的118.1亿美元。

为什么要重构商业模式

商业环境正在发生着巨大的变化。

首先，人口结构、收入增长带来了消费理念和消费行为的变化，企业需要重新定位市场和客户，更准确地定义市场需求，定位客户价值。

其次，交通、通信、技术、资源能力（研发、制造、物流、营销、服务）等企业基础条件正在发生巨大变化，特别是互联网等信息技术的革命性变化，从根本上改变了产业链价值分布、企业的边界、运营条件及传统商业模式的有效性。企业需要有效利用新技术和存量资源能力，重构商业模式。

最后，金融系统正在发生巨变，金融工具日益丰富，金融市场类型多样。这一方面提供了评价企业的新标准，要求企业关注投资价值实现的效率、能力和风险；另一方面，金融原理、技术工具和交易机制为企业提供了创造价值、分享价值及管理风险的新工具。企业可以利用金融原理、金融工具和交易机制，扩大市场规模，缓解当前现金流压力，解除利益相关者的疑虑或与企业自身的分歧，聚合关键资源能力，为利益相关者提供更好的服务。

通常企业奉行的战略包括技术领先、差异化和低成本。但在现实竞争中，技术持续领先不易。低成本是企业保持持续竞争优势的核心，但人工成本、社会责任和规范成本、环境成本、服务成本、原材料价格等呈上涨态势。越来越多的企业家感受到，面对新的商业环境，仅仅从战略、营销、技术创新、组织行为等方面调整改善，越来越难以奏效，并不能使企业消除成长瓶颈，摆脱成长困境，必须重构商业模式，才能摆脱规模收益和效率递减、风险和管理难度、经营成本等递增的困扰，继续生存和发展，实现规模收益递增、规模风险递减，保持竞争优势。

正如传统的砖木结构不足以支持高层建筑一样，必须从根本上改变建筑结构模式；普通的发动机不足以支持高速行驶，必须进行革命性变革。技高一筹的企业往往善于及时重构商业模式，通过商业模式差异来实现技术领先、低成本和差异化，保持竞争优势地位，或脱颖而出，或后来居上。

在新的商业环境中，企业家应成为商业模式总架构师，洞悉企业本质——利益相关者的交易结构安排，不断根据商业环境变化，优化或重构商业模式，再造高效成长机制，包括：重新定位满足顾客需求的方式，发现新的巨大成长机会；重新确定企业的业务活动边界，界定利益相关者及其合约内容；重新设计收益来源和盈利方式，转变成本形态，调整成本结构，培育新的持续盈利能力。

中国经济总量规模不断扩大，已成为全球第二大经济体。中国正在转变经济发展模式，商业环境正在发生翻天覆地的变化，为中国企业带来空前的挑战和难得的机遇。一方面，商业环境明显改善，增长机会众多，市场空间巨大；另一方面，不少企业面临增长瓶颈，进入规模收益递减阶段，必须重构商业模式。

"春江水暖鸭先知"，国内一些引领行业发展潮流几十年的优秀企业，如海尔集团、美的集团、华为等，早就察觉到商业环境的巨大变化和重构商业模式的迫切性，并已着手启动商业模式重构。一些中小企业也通过重构商业模式，在细分市场获得佳绩。实际上，商业模式重构不分企业大小，不分行业。

本书内容和目的

本书分为上、下两篇，上篇全面剖析商业模式重构的契机、方向和需要面对的挑战；下篇深刻分析缤纷多彩的商业模式重构案例。本书将力求为您展示一幅商业模式重构的全景图，导引您的企业在正确的时间进行正确的商业模式重构，实现更高的企业价值。

目 录 · CONTENTS

下篇 **缤纷重构**

上 篇

如何重构

第1章

什么时候重构

——

近几年，"转型"和"再造"在企业界成了热门词汇：战略转型、组织架构转型、企业文化转型、流程再造……但似乎很少人提到商业模式转型。然而，商业模式是企业与其利益相关者的交易结构，直接决定企业的战略方向和企业价值，影响企业经营管理的各个层面。

与战略、组织架构、企业文化、业务流程相比，商业模式重构是更为彻底的转型，其重要性远远凌驾于其他转型之上。只有决定了企业利益相关者交易结构的转型方向，才有可能为企业战略、组织架构、业务流程和企业文化的转型方向定下正确的基调。

"知可以战与不可战者胜"，商业模式重构的首要，是确定重构的契机，一击而中，一飞冲天。

企业成长阶段

和生物一样，企业的发展也有一个生命周期。不同的是，在一定发展阶段，企业可以通过重构商业模式、变革交易结构返老还童，逃逸出原生命周期而进入一个新的循环。如果企业抓住商业模式重构的每次契机，就有可能实现真正的长生不老。

比如，IBM 创立至今已有超过 100 年的历史，其主要业务从制表机到大型机、PC 再到硬件集成、软件集成和知识集成，商业模式也一直在变化。虽然从 1924 年开始，IBM 这个名字就再也没改过，但是 IBM 的内涵时刻在变化着。

企业的生命周期可分为六个阶段：起步阶段、规模收益递增阶段、规模收益递减阶段、并购整合阶段、垄断收益递增阶段和垄断收益递减阶段（见图 1-1）。每个阶段的供求特征和行业平均状况不同，面对的挑战的机会也大相径庭。有些阶段甚至需要重构商业模式，即重新构造企业内外利益相关者的交易结构安排。

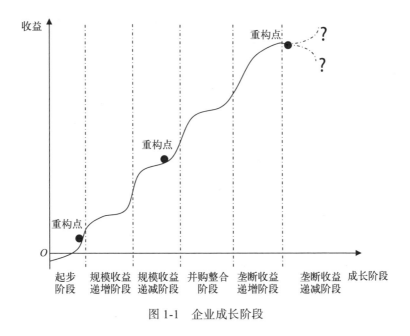

图 1-1　企业成长阶段

起步阶段

该阶段企业的主要任务是发现商机，构想并试验商业模式。

　　企业之所以创立，或者是为了满足某类客户的某种需求，例如，"左撇子店"解决左撇子在日常生活中的特色消费项目；或者是为某项技术或者资源寻求商业应用推广，例如，施乐的静电复印术曾经被 IBM、柯达、GE 等"宣判了死刑"，但通过重新构造行业内没有过的商业模式，施乐终于使这项技术的商业应用起死回生，并一举成为历史上最成功的企业之一。

　　起步阶段，企业最要紧是求生存，其次才是求发展。因此，现金流是否通畅极为重要。优秀企业完全可以通过商业模式的设计做到不差钱，即并不需要外部的资金支持。比如，源美租赁公司引入银行做保理融资，解决了设备租赁行业起步投入资金过大的瓶颈，当系统运转起来后却可以持续不断地提供巨大现金流，巧妙地快速完成从起步到腾飞的过程。⊖

　　商业模式次优的公司由于有巨大的成长空间和很好的盈利前景，而且起步资金并不大，可引入天使投资人或者风险投资。携程的成功，离不开 IDG 的第一笔投资和软银集团的第二轮融资。正是这两笔融资，为携程提供了起步资金，为后面的高速成长打下了基础。

　　21 世纪的商业世界，金融决定速度。为了比竞争对手获得更快的发展速度，某些发展不差钱的企业也会借助风险投资的力量追求更高速成长，从而更快地甩开竞争对手。例如，如家起步时，几个创始人均为风险投资家，对风险投资的理解和在风险投资界的人脉非常人可比，几轮融资下来，次次踏准鼓点，开店速度一骑绝尘，后来居上。这就是灵活运用金融工具的典范。

规模收益递增阶段

　　企业规模化阶段从供不应求到供过于求逐渐推进，并以中间供求均衡

　　⊖ 详见魏炜、朱武祥，发现商业模式，机械工业出版社 . 2009，第 44~46 页。

为界限前后分为规模收益递增和递减两个阶段，规模收益递增阶段的主要特征是需求快速增长，供给增加，但由于供给响应需要时间，供不应求。

企业从起步到规模收益递增阶段，主要面临销售和资金流问题。销售主要解决产品的推广和销路，销路做起来后，会迎来一阵销售井喷的劲头，接下来就要适度扩大产品规模，同时保持销售的推广力度。不管是规模扩大，还是渠道推广，都需要充沛资金流支持，因此，保持销售和资金流的均衡发展至关重要。

创业道路上，不乏因为销售和规模发展不平衡而导致资金流断裂的悲剧。前些年资本市场上的明星 PPG，销售规模虽然成长得很快，但是广告投入和渠道成本过高，超过了销售利润可以承受的程度。引入外部资金可以解决短期的资金压力，却不可能解决长期的资金黑洞。PPG 之殇，是规模收益递增阶段销售规模和资金流严重不平衡之殇。

这个阶段的企业，假如能够向投资者论证清楚其盈利前景，可以通过 Pre-IPO、IPO（首次公开发行）/SEO（股权再融资）、债务融资等金融策略解决资金流瓶颈，并通过项目投资的方式扩大产能，提升利润率，实现规模收益递增，从而完成企业从起步到壮大的起飞过程。

规模收益递减阶段

规模收益递增阶段后期，由于市场前景看好，大量竞争对手跟随进入，整个市场产能爆发式增长。同时，市场的增量需求开始萎缩。某个时点上，供给增长超过需求增长，市场出现拐点，利润率下降。企业步入规模收益递减阶段——优秀企业与一般企业分化的关键阶段。

大多数企业走到这个阶段，资产规模和负债显著增加，固定成本开始递增，而利润率、投入资本收益率下降，规模收益递减，现金流出的固定规模显著增加。内部运营方面，人员工资规模大，现金流成为第一要求，需要增加更多的债务。其中的很多企业容易因竞争加剧和商业环境的变化而陷入经营和财务双重困境。

与此同时，有利因素也在不断积累和成长。随着对各种资源整合能力的提升，企业软实力增强。此时如果重构商业模式，则有可能占据竞争优势位置，在更高水平上成就领导地位。

并购整合阶段

人弃我取，低谷往往蕴涵着新生的希望。规模化第二阶段末期，行业普遍低潮，绝大部分企业陷入困境，很多企业都愿意折价退出竞争战场，正是优秀企业并购整合的最佳时机。优秀企业可以利用资源优势，趁机收购有价值的资源，包括渠道、骨干人员、研究开发、制造等，在行业重新启动之前巧妙布局。

例如，中联重科通过并购整合，短短10年就完成了未来产业布局。

2003年8月，将国内工程起重机械龙头企业浦沅集团的主要经营性资产收于旗下。

2003年12月，收购湖南机床厂资产，有效缓解生产压力，迅速扩大生产规模。

2007年3月，仅出资4亿多元，一揽子收购一直在上市公司体外循环的土地、设备、建筑物、长沙市商业银行股权和中旺实业、中宸钢品制造工程、特力液压经营性资产、常德武陵结构厂、浦沅工程机械总厂上海分厂、浦沅集团专用车辆分公司等经营性资产，实现集团整体上市。

2008年3月，重组并购陕西新黄工，正式进军土方机械产品领域。

2008年4月，将湖南汽车车桥厂改制重组为公司控股子公司。

2008年6月，携手弘毅投资、高盛公司和曼达林基金，以1.63亿欧元，收购世界三大混凝土机械制造商之一意大利 CIFA100％股权，剑指欧洲工程机械发源地。

……

并购整合给中联重科带来了长期的高成长：营业收入由 2000 年全年的 2.45 亿元，增长至 2009 年三季度的 148.19 亿元，净利润由 2000 年全年的 0.53 亿元，增长至 2009 年三季度的 16.8 亿元。

至此，中联重科已经成为全球最大的混凝土龙头企业和工程机械产品种类涵盖最全面的企业。

垄断收益递增阶段

后并购整合时代，行业的小鱼小虾们，或破产自动退出历史舞台，或被收购成为大企业的附庸，行业里往往只剩下屈指可数的几家领头企业，企业进入垄断收益递增阶段，享受着并购整合后的协同红利，领行业风光数年。

例如，IBM 从 1995 年收购 Lotus 开始，揭开收购软件的序幕。短短 10 年间，IBM 进行了近 50 次并购，完成了中间件五大软件产品系列的布局，一举成为中间件的市场霸主。通过把单一软件并购整合到 IBM 统一运营平台，IBM 让很多软件获得了新生。旗下 Tivoli 的业务规模在不到 10 年间就从 5 000 万美元涨到超过 10 亿美元，IBM 的整合功不可没。

垄断收益递减阶段

当垄断竞争到一定程度，行业又重新进入普遍收益递减的过程。具体表现为：企业资产规模、人员庞大，管理复杂，加上管制和规范要求，刚性成本上升，原来的产品线和业务进入成熟阶段，缺乏增长机会，替代产品或者更低成本的企业出现（例如，更低成本的丰田车刚登陆美国市场时对原有汽车厂商通用、福特等的冲击），企业经营和财务风险增加。

此时，有些企业开始寻求不相关多元化，挖掘其他行业的增长机会，成败参半。例如，通用电气从一家专业化实业公司转型为一家以金融统领多元化实业的公司，取得了巨大成功，杰克·韦尔奇因此成为企业界的传奇。而中国家电后垄断时代的大佬们，如 TCL、海尔等，纷纷以杰克·韦尔奇为师，寻求多元化发展，却遭遇了不同程度的打击。

有些企业则会因此重构商业模式，成功者如 IBM 和陶氏化学，受挫者则如微软、诺基亚。前者有可能就此彻底转型，获得新的增长机会，并重新实现垄断收益递增。后者则还需要继续探索。

重构的契机

在企业六个成长阶段中，重构商业模式的契机主要有三个：起步阶段，规模收益递减阶段，垄断收益递减阶段。抓住这三个重构机会，企业就有可能走出跟竞争对手不同的发展道路，从而逃逸出企业生命周期，历久恒新。

重构契机一：起步阶段

小孩子的学习能力是最强的，因此纠正小孩的错误也是最容易的。不是每个企业在起步阶段都能选择正确的发展道路。在遭遇市场困境时，如果发现是商业模式出现了问题，则可以适时重构商业模式。刚起步时，资产和人力资源规模较小，组织架构也简单，重构遇到的阻力也会相对较小。

从 1999 年创立到 2003 年年底纳斯达克上市，短短 5 年间，携程成就了一段让人津津乐道的资本市场神话。然而，携程在起步阶段重构过商业模式的往事却并不为大多数人所知。

1999 年刚起步时，携程就获得了 IDG、软银等风险投资家的 500 多万美元，充沛的起步资金给了携程试错重来的机会。最开始时，携程定位于旅游网上的百科全书，其商业模式大致可以这样描述：收集各个国家和各个地区旅游景点的详细情况，把它们编辑成百科全书，放在携程网上供网友们查阅，携程则通过传播旅游景点的广告获得收益。虽然旅游已经成为现代人的主流生活方式，上网查阅旅游信息也逐渐成为一种生活习惯，但是携程的盈利模式并没有得到合作伙伴的配合，网站迟迟没有盈利。

在重新比较携程网与传统旅行社的优劣势之后，以梁建章为首的创始人的团队决定重构商业模式，给携程网注入传统旅行社的盈利模式——旅游资源的分销业务。携程一方面到机场等人流密集的地方发放携程卡，吸引一大帮游客上携程网，另一方面派人跟酒店、机场等一家接一家地谈判，争取旅游资源。随着合作伙伴的增多和携程网点击率的提升，客户爆炸性增长和合作伙伴给的折扣走高形成相互支持的盈利循环。

几个月后，通过携程预订酒店的数量一路增长到 15 万次。到 2002 年，携程的营业额已经高达 10 亿元人民币，超过新浪 2003 年的全年收入。2003 年 12 月 9 日，携程成功登陆纳斯达克，创造了世人瞩目的资本神话。

设想一下，假如携程在刚起步发现苗头不对时没有及时重构商业模式，而是沿着旅游门户网站的路子一条道走到黑的话，那么，肯定不可能取得今天的成就。甚至，企业是否仍存在也还是个问号！

所谓"船小好调头"，跟长大后相比，在起步阶段重构商业模式不用去打破已经形成的瓶瓶罐罐，不用去纠正企业文化，不用去打破对原来资源能力的依赖，有利条件是内部阻力比较小。但是，在这个阶段，企业的很多资源能力还没成长起来，很难借助外部的客户资源、供应商资源等渡过难关，不利条件是外部借力很微薄。因此，此时重构商业模式跟创业没什么两样，不过是换种方式创业而已。是的，创业前要设计好商业模式，创业刚起步后发现模式不对就要及时重构商业模式，这才是正确的创业态度。

重构契机二：规模收益递减阶段

对于规模收益递减阶段的企业来说，面临的问题又有所不同。企业已经形成了一定的资源能力，只是由于市场环境或者内部资产结构等原因才导致运营效率不高。事实上，企业完全可以通过商业模式重构，对企业做加法和减法，例如，转换成本形态、成本结构，降低资产占销售收入的比例，降低固定成本等，从而增加组织的灵活性。此外，还可以通过成长起来的资源能力去发展一些新的盈利点增加收益来源，最终重新实现规模收益递增。

控制 2 700 多家酒店的万豪固定资产只有 23 亿美元，不到麦当劳的 1/8，仅占公司总资产的 27%，其秘诀就是在正确的时间重构了商业模式，转换了成本结构。

1993 年，万豪酒店集团一分为二：万豪服务和万豪国际。前者专营酒店地产业务，后者专营酒店管理业务。万豪服务对名下地产进行证券化包装，做 REITs，为投资者提供投资工具，让万豪享受税收减免，并释放作为固定资产形式的地产业务中蕴藏的巨大现金流。万豪国际则几乎不直接拥有任何酒店资产，只是以委托管理的方式赚取管理费收益。通过做减法，把万豪服务分离出去，万豪大大降低了固定资产比率，控制了经营风险。两家公司分离之后，合作仍然紧密：万豪服务为其融资新建或改建酒店，然后与万豪国际签订长期委托经营合同；而万豪的品牌效应则保证了万豪服务的证券化收益。

分离之后，万豪国际在直营的同时开发了特许业务；而经营地产业务的万豪服务则将业务延伸到万豪品牌以外，开始为其他酒店品牌处置固定资产，"轻"化企业负担。减法之后再做加法，重构商业模式后的万豪酒店集团舞台进一步扩大，实现了规模收益递增。

规模化第二阶段的优秀企业，一般仍然专注于本行业，也有了在某些环节的竞争优势，假如可以重构商业模式，把不具备竞争优势的环节转为合作或者卖掉，为优势环节重新搭配交易结构，继而寻求以优势环节为中心的市场扩张，有减有加，往往可以在竞争对手陷入困境的时候实现逆势增长，继续保持强劲的增长势头。

重构契机三：垄断收益递减阶段

进入垄断收益递减阶段的企业要不已具备丰富的产品线，例如 IBM；要不已通过横向并购等方式消灭了主要竞争对手，形成了专业化寡头公司，例如微软。前者会面临产品线宽广造成的人员规模过大管理复杂的困境，而后者则可能面临单个专业化市场经营风险过大的问题。两者面临的共同问题是收益递减。这时优秀企业就会重构商业模式，追求新的增长点，让企业焕发新的生机。

或者重构已有资源能力。IBM 拥有 IT 行业最完备的"武器库"和最丰富的运营经验。通过对原来"武器库"中各种 IT"兵器"重新组装构造，IBM 从开始的单纯卖设备升级为提供硬件整体解决方案。之后，通过中间件的布局，又升级为软件整体解决方案，通过软件的销售拉动整个硬件的销售。最后，以多年的 IT 运营经验为基础，以并购普华永道获得的咨询业务为支撑，IBM 又实现了在硬件集成和软件集成基础上的知识集成。源于已有的资源能力，又不拘泥于原有资源能力，有扬弃，有创造，这就是郭士纳上台后至今 IBM 神话背后的秘诀。

一些企业追求不相关多元化运营。这是很多中国企业喜欢走的路子，也是最近十几年杰克·韦尔奇备受中国企业家推崇的重要原因。然而，除了通用电气，全世界做不相关多元化非常成功的例子委实乏善可陈。在中国，也鲜见成功的例子。像万科之类的从多元化走向专业化的成功例子反而更多。其原因是多方面的，其中一条就是对通用电气的解读不够。事实上，GE 集团的多元化组合都是明星业务（卖出非行业排名前三的业务，买入行业排名前三并且现金流为正的明星业务），该组合的稳定业绩为 GE 赢得了 AAA 信用评级，GE 金融的银行、融资租赁等业务因而获得了低成本的资金来源。在 AAA 信用评级的支持下，GE 产业和金融形成了金融协同，一起享受了高速成长和丰厚盈利，这才是 GE 做不相关多元化成功的根本原因。"学我者生，似我者死！"齐白石老人的这句话应成为很多中国企业家的座右铭。

还有一些企业做内部 CVC。以英特尔为例。公司对相关事业群包括供应商、销售体系、互补产品、技术创新者进行风险投资，为公司发掘新的成长事业、新技术和新市场的机会，同时为英特尔现有的核心技术与核心产品寻求可以运用的外部资源，以扩大市场竞争力。主要目的是改善大公司的产业链生态环境和寻找创新事业机会，为大公司的整体战略服务。截至 2008 年一季度，英特尔在 45 个国家和地区共投资了 75 亿美元，约 1 000 家科技公司，其中 150 家以上的创新公司获得上市，160 家创新公司被并购。英特尔投资已经成为公司风险投资成功的典范。

和规模收益递减相比，垄断收益递减阶段拥有的资源能力更强，同时，多年发展形成的桎梏也更严重。是老树发新芽还是积重难返，取决于企业家的魄力和重构商业模式的想象力。

第 2 章

从哪里开始重构

———

企业在资产效率方面低迷徘徊、运营风险增加、发展速度放慢等方面的病征为企业决定要重构商业模式提供了判断依据。但是，选对重构的时机仅仅是万里长征走完了第一步。

不管企业选择在起步阶段、规模收益递减阶段还是在垄断收益递减阶段重构，都要面临以下问题：从哪里开始重构？

我们的阐述，从商业模式与管理模式的联系与区别讲起。

商业模式与管理模式

商业模式是企业与其利益相关者的交易结构。一个完整的商业模式包括六个要素，分别为：定位、业务系统、盈利模式、关键资源能力、现金流结构和企业价值（见图 2-1）。

定位是企业满足客户需求的方式。

业务系统是企业选择哪些行为主体作为其内部或外部的利益相关者。业务系统由构型、关系和角色三部分组成。构型指利益相关者及其连接方

式所形成的网络拓扑结构；关系指与利益相关者的交易内容、方式与治理
（这里的治理主要指控制权和剩余收益索取权的归属）；角色指拥有资源能
力即拥有具体实力的利益相关者。这三方面的不同配置会决定整个业务系
统的价值创造能力。

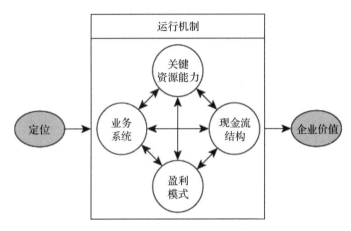

图 2-1   魏朱六要素商业模式模型

盈利模式是以利益相关者划分的收入结构、成本结构以及相应的收支
方式。

现金流结构是以利益相关者划分的企业现金流入的结构和流出的结构
以及相应的现金流的形态。

支撑以上交易结构背后的资源和能力我们定义为**关键资源能力**。换言
之，关键资源能力是企业商业模式运行背后的逻辑，是其运营能力有别于
竞争对手并得以持续发展的背后支撑力量。不同的商业模式要求企业具备
不同的关键资源能力，同类商业模式其业绩的差异主要源于关键资源能力
水平的不同。

企业价值是商业模式的落脚点。评判商业模式优劣的最终标准就是企
业价值的高低，对于上市公司而言，直接表现为股票市值。

定位体现了企业对客户价值的定义和诠释，企业价值体现了资本市场对企业长久盈利前景和投资价值的评判，业务系统、盈利模式、关键资源能力、现金流结构一起构成企业的运行机制，是连接客户价值和企业投资价值的桥梁，一般来说如果商业模式六个要素中的一个要素发生变化也会导致其他要素发生变化。

商业模式和管理模式的区别主要是理论内涵不同、着眼点不同、管理客体不同，并最终导致对企业绩效的影响也不同。

一个完整的管理模式表述也同样包括六个要素：战略、组织结构、管理控制、企业文化、人力资源管理和业绩（见图 2-2）。在众多管理学教材中已有对以上要素的详细介绍，不再赘述。

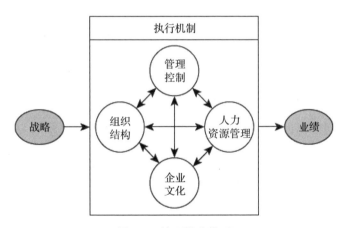

图 2-2　管理模式模型

商业模式是企业的基础结构，类似于一艘战舰的构造：不同种类战舰的发动机、船舱、夹板、炮塔、导弹等的结构和配置不同，在舰队中的位置和功能也不同。

而管理模式类似于驾驶战舰的舰队官兵：舰队的最高长官，既需要组织分配好官兵的工作，制定出相应的管理控制流程，并建立官兵的选拔、培养和激励等制度，也需要有能够凝聚舰队战斗力的舰队文化。

　　只有先确定好了整个舰队的配置，构造好每一艘战舰，才能确定需要招募什么样的官兵以及如何提高官兵的战斗力。从这个角度上说，商业模式设计必须先于管理模式设计，商业模式重构的重要性也必然凌驾于战略、组织结构、人力资源等的转型之上。

　　商业模式是一个企业的运行机制，与人没有直接关系；而管理模式与人有直接的关系，是企业的执行机制。商业模式调整、优化和重构可以从定位、业务系统、关键资源能力、盈利模式以及现金流结构这五个方面的任何一个或者多个方面着手。当然，每一个方面的调整都会引起或者需要其他方面相应进行必要的调整和优化。

重构定位

　　定位是企业满足客户需求的方式。应该指出的是，在这个定义中，关键词不是客户（客户可以改变），也不是需求（需求可以不同），而是方式。企业会选择什么样的方式与客户交易，决定因素是价值空间与交易成本。寻求两者的差值即价值创造最大化，是企业选择哪种定位的动因。

　　复印机的商业模式设计为不同定位的交易价值提供了很好的佐证。一台复印效果更好、造价更高的复印机该如何商业化？新复印机和老式复印机针对的是同一个需求——复印资料。按照老式复印机的定位，其满足客户需求的方式是直销复印机，其交易价值就是复印机的市场容量；如果采取另一种定位，其满足方式变成复印机租赁、复印张数另外计费，其交易价值则是客户持续复印活动的市场容量，这里面既包括老式复印机的基础复印需求，也包括新定位所带来的额外频繁复印活动。施乐公司正是这样重新审视和主动转变了满足客户复印需求的方式，才创造了历史上最伟大的企业之一。

在交易价值一样的情况下，应选择使交易成本最小化的定位。一项交易的成本由三部分组成：搜寻成本、讨价还价成本和执行成本。好的定位能够降低其中的某一项或某几项交易成本。例如，连锁模式增加了与客户的触点，降低了客户的搜寻成本；中介模式为交易两边的客户缩小了谈判对象的规模，降低了讨价还价成本；网上支付突破了银行时间、地点的限制，为客户降低了执行成本；整体解决方案模式为客户大大减少了交易商家的数量，同时降低了搜寻成本，讨价还价成本和执行成本。

通用电气（GE）：从制造转向服务

1981 年，杰克·韦尔奇接任总裁时，GE 股票市值为 131 亿美元，是一个包括工业制造和消费品生产的多元化制造型企业集团，产品从照明到飞机发动机。

20 世纪 80 年代初期，企业成功获得超额收益的关键在于以质量和价格赢得领先的市场份额地位。因此，韦尔奇要求下属业务部门市场份额必须位居全球同行中的第一或第二，否则将退出该项业务。

20 世纪 80 年代中期，韦尔奇在频繁与其客户企业总裁沟通过程中深刻意识到，制造能力扩张和过剩，使客户选择权力增强，形成买方市场，价格下降压力日益增强，利润区正在发生转移。如果 GE 继续把自己定位为制造商，要想保持竞争优势和利润及股东价值增长将面临严峻挑战。产品好仍然是竞争与保持客户关系和市场份额的基本前提条件，但即使产品好、市场份额地位处于全球第一或第二，也不能保证企业获得应有的利润水平。

韦尔奇认识到，新的利润区正从产品本身转移到产品出售以后的业务活动，好的产品只是客户服务需求中的一个成分，非产品或后产品及其相关金融服务比产品直接销售的收入和利润高数倍。

因此，韦尔奇转换了 GE 定位，使 GE 从产品制造企业集团转换为为客户提供服务导向的整体解决方案。包括：产品＋系统设计，融资服务，维护与技术升级服务，客户服务解决方案所需产品、技术等资源可以从外部获得，而不是完全由自己制造。

GE 定位重构后，其股东价值业绩突出。股东价值 / 销售收入的比重从 1981 年的 0.5 倍，增加到 1997 年的 2.7 倍。与另一家竞争对手 United Technologies 公司相比，1981～1996 年，GE 股东价值年增长率为 19.9%，而 United Technologies 公司只有 13.5%。

国内一些企业也开始重构定位。例如，陕西鼓风机集团第一次商业模式调整首先从定位入手，从单纯主机设备制造商转变为整体解决方案及售后技术服务提供商，帮助用户降低管理及维护成本，给客户提供更多的价值。陕鼓相应重构了业务系统，创设了技术服务、供应链管理等新的业务环节，培育新的关键资源能力——供应链管理和技术服务，形成"制造＋供应链管理"的商业模式。

陕鼓第二次商业模式调整的着眼点是充实定位，增加为客户提供融资服务，形成"制造＋供应链管理＋供应链金融服务"的商业模式。同时，培育新商业模式所需要的关键资源能力——信用风险控制能力。

此举缓解甚至解除了客户的资本约束，增加了客户的购买能力，支持其投资。对陕鼓来说，提高了营销效率，稳固了商业关系，降低了直接营销成本，与主业形成经营协同效应，拉动需求，提升陕鼓的产能利用率，扩大自身业务增长；又可以增加企业自身的收益来源等，实现规模收益递增。

爱立信：从设备制造商到设备运营商

2003 年，爱立信股价从泡沫巅峰时期的 165.2 克朗 / 股跌到 3.37 克朗 /

股，销售下跌 47%。而短短 6 年后的 2009 年，爱立信在全球的市场份额已由 30% 升至 43%，销售额增加了 50%，牢牢坐稳世界电信设备制造商头把交椅。这一切，都是爱立信重构定位的结果。

在以往的交易中，爱立信和电信运营商的关系很简单：爱立信卖设备，最多再加上安装和售后服务，收款结账，走人，是一个很典型的设备制造商。剩下的设备运营，一般都交给电信运营商的相关部门（在中国，一般是运维部）运营管理。

近年来，爱立信开始为客户提供托管业务，其服务涉及运营、容量和托管。爱立信比运营商更了解自己的设备，由爱立信管理运营，比运营商效率更高，成本更低。

托管业务释放了电信运营商。把网络托管给爱立信后，电信运营商可以更专注于开发、维护客户和跟踪市场趋势，还能砍掉服务方面的大量人员投入以节约成本，运营效率得到明显提升。

软件和服务的利润比设备高出两三倍，托管业务还让爱立信与运营商结成更紧密的关系，反过来促进爱立信的设备销售。爱立信转型服务、做设备运营可谓一箭双雕。

目前，在欧洲、中东和非洲市场上，爱立信的托管业务已达到一定的规模，而 2009 年年中与美国电信运营商 Sprint 签订为期 7 年、总值为 45 亿～50 亿美元的长期协议，则让爱立信第一次把触角伸到了美国。至此，爱立信负责管理运营的网络在全球拥有超过 2.75 亿用户，是全球第三大网络运营商和最大的电信专业服务提供商（市场占有率超过 10%）。

2008 年财报表明，爱立信的外包业务（主要是托管业务）为 17 亿美元，占公司总收入的 7%，同比增长 17%。通过从设备制造商到设备运营商的定位重构，爱立信收获颇丰。

苹果：从设备提供商到"三合一"

苹果推出 iPhone，颠覆了以往的定位，从一个设备提供商变成了设备提供商、平台提供商和重要的服务提供商的"三合一"。

在设备制造上，苹果负责主要研发工作，将生产部分外包给 OEM 厂商。同时苹果还通过半封闭的手机版 MAC OS X 为服务提供商和内容提供商搭建平台。此外，开发 iTunes 等应用软件，进一步吸引内容提供商。

在与运营商的合作上，苹果从欧美市场突围。欧美的手机市场一向是采用"手机定制"模式，电信运营商占据强势地位。苹果与运营商签订排他性协议，然后共同宣布 iPhone 的购买者必须在一段时间内使用该运营商的网络。苹果将 iPod 产品上的"iPod+iTunes"模式移植到了手机上，在 iPhone 中整合了大量独立内容，包括 iTunes、Map、YouTube 等，同时作为设备提供商、平台提供商和重要的服务提供商。

在销售渠道上，iPhone 同时通过苹果和运营商的渠道销售。

在具体的应用上，苹果针对 iPhone 操作系统推出开放式的 SDK 开发工具包，以多种促进策略推动第三方开发者积极参与进来。SDK 可免费下载，从而降低开发人员所负担的费用。开发人员花费 99 美元可以加入 iPhone 开发者计划，不仅能得到官方的技术支持，也允许将软件挂上唯一的 iPhone 软件商店 App Store 出售，开发者自由定价，销售收入与苹果七三分成，除此之外没有任何的管理、账目、挂载费用。这一点无论对于第三方开发厂商还是个人开发者都有极强的吸引力，同时也能以经济效益的方式，最大地调动第三方开发的积极性，极大地丰富 iPhone 的应用。

在资金流结算上，苹果和信用卡公司合作，客户可以直接通过信用卡进行网上交易，在方便客户的同时支持了 App Store 的爆发式成长。

推出以来，iPhone 产品的季度收入已经从 2007 年第二季度的 500 万美元直线增长到 2008 年第一季度的 3.78 亿美元。

iPhone 业务系统如图 2-3 所示。

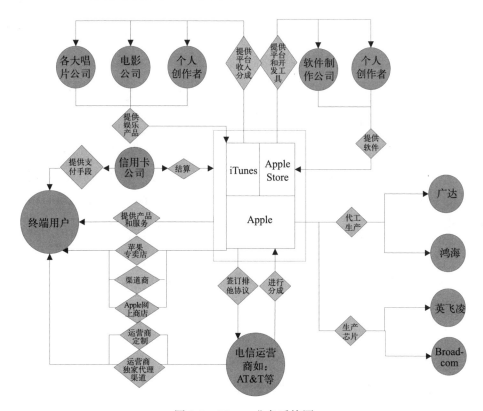

图 2-3　iPhone 业务系统图

爱立信的定位重构，降低了客户对设备运营的资源投入，其长期托管合约增加了与客户接触的机会，同时降低了客户搜寻信息、执行和转换的交易成本。苹果的重构则更具颠覆性，不仅让客户对苹果的消费从设备扩展到软件、音乐等，而且从渠道（包括实体和线上）上增加了客户对苹果产品和服务的接触点，有效地降低了多项交易成本，类似于信息服务的整体解决方案。这两家企业，通过定位有效地降低了与客户交易的成本，并进而取得了成功。

重构业务系统

商业模式的本质是利益相关者的交易结构，其集中体现就是业务系统。

企业的利益相关者可以是产业价值链上的合作伙伴和竞争对手，例如，研发机构、制造商、供应商（又分为零部件、元器件、组件、设备等不同层级的供应商）、渠道力量、地产资源提供者等；还可以是企业内部的员工、金融力量、地产资源提供者……

如何设计与这些利益相关者的交易内容与交易方式，是企业运营的第一要务。业务系统直接决定了企业竞争力所在的层级。一架直升机不管材料多么精良，飞行员技术多么高超，也不可能摆脱地球引力飞出大气层。但是，多级火箭就可以穿越大气层，直达外太空。没有多级火箭的结构，直升机不管怎么改进都不可能超过前者的速度。

当现有业务系统已经不足以建立或者保持竞争优势的时候，企业就要及时重构业务系统，抛弃直升机的结构，重新建造一个多级火箭，提升竞争力层级，获取结构性竞争优势。

雷士照明：多次重构，10 年增长 110 倍

在雷士照明之前，行业普遍的模式是"前店后厂"，灯具企业抄袭模板，生产制造（其中很大一部分是为国际品牌做代工），然后销售给建材连锁商城（见图 2-4）。

由于品牌混乱，质量难以保证，消费者眼花缭乱，各个灯具企业毫无名誉可言，只好大打价格战。

雷士刚成立就采取了与传统"前店后厂"完全不同的业务系统，此后经过多次重构，取得了瞩目的市场成功：短短 10 年中，销售增长超过110 倍。

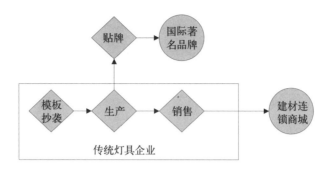

图 2-4　传统灯具企业业务系统图

第一次重构，建立研发队伍，整合贴牌资源，补贴加盟商建立销售渠道。

由于对专卖店重视，又重视质量控制，雷士很快就建立了品牌（店面林立本身就是一种品牌营销），和传统"脏、乱、差"的灯具企业区别开来（见图 2-5）。

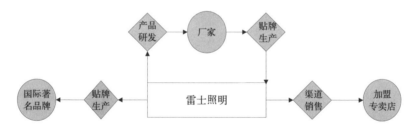

图 2-5　雷士照明业务系统图 1

第二次重构，开发和巩固隐形渠道，夺取大单。

有了多年品牌的积累，雷士才有了争夺设计大单的本钱，但这个链条的关键控制点在设计院和设计师身上。要在这个外资企业独占的传统市场占得一席之地，和经销商双管齐下，发力开发隐形渠道成为雷士的理性选择（见图 2-6）。

第三次重构，变革渠道，经销权集中，管理权下放，由小区域独家经销制和专卖店体系向运营中心负责制转化，成立省级运营中心，同时把更多的精力放在产品研发上。

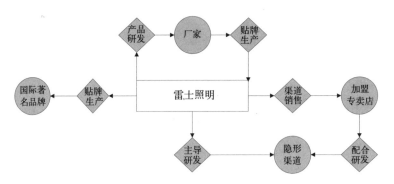

图 2-6 雷士照明业务系统图 2

　　加盟专卖店的增多，在提高雷士利润的同时，也对雷士的管理能力和人员投入提出了挑战，为此，重构渠道资源，在管理权下放的同时，雷士降低了渠道的人员投入，也提高了管控能力和运营效率（见图 2-7）。

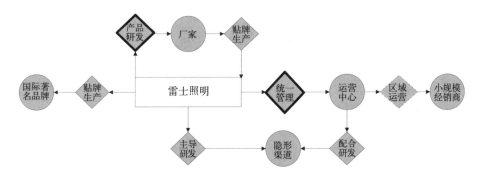

图 2-7 雷士照明业务系统图 3

注：加粗线表示强化，虚线表示弱化。

　　接下来雷士照明也许将启动第四次重构，成为灯具整体解决方案提供商。

　　产品线齐全，渠道资源完整，研发、制造能力高超，雷士照明已经具备了为客户提供灯具整体解决方案的能力。这一步重构是否正在进行中，我们拭目以待（见图 2-8）。

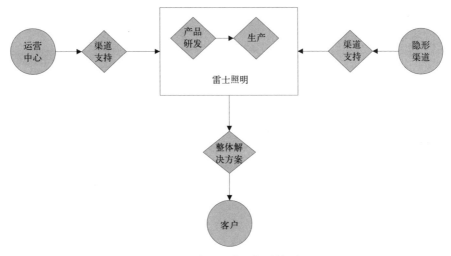

图 2-8　雷士照明业务系统图 4

　　雷士每次重构都来自对交易结构各个环节的分解（从以前的前店后厂分解出单独的专卖店渠道）、分拆（将专卖店分拆成大的运营中心和小的经销商）、分化（从专卖店渠道分化出"隐形渠道"）和重整（集合运营中心渠道和"隐形渠道"，内化研发和生产，提供整体解决方案），并且每次都是选择在最好的时候重构。

天宇朗通：渐进重构，赶超国际品牌

　　在天宇朗通之前，手机的商业模式分为两种，很巧合，分别与国际品牌、国产品牌相对应。

　　国际品牌手机以三星、诺基亚为代表，厂商主要负责手机的研发、设计和品牌运营，生产一般由富士康、比亚迪等代工。渠道分为两级：代理商和终端渠道。由于行业高涨，整个链条的毛利率有 40%～50%，各个环节的毛利分配如图 2-9 所示。

　　国产品牌以波导、TCL、联想为代表，采取垂直一体化生产，把研发、设计、制造和品牌都做了。对于渠道，则采取"人员支持 + 全程价保"的

方式。厂家挟持着终端渠道打价格战，承担促销员工资、手机库存压力和
手机降价风险（见图 2-10）。

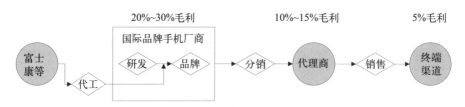

图 2-9　国际品牌手机厂商业务系统图

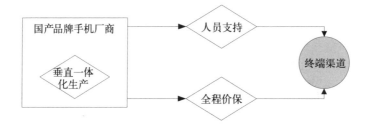

图 2-10　国产品牌手机厂商业务系统图

天宇朗通从一开始就设计了一种新的业务系统。重新确立利益分配体
系：厂商只拿 10% 的毛利，剩下的 15%～20% 的毛利由渠道分销商分配，
把更多毛利让给了更加了解客户的终端渠道。作为交换条件，渠道必须买
断产品，并承担一切的人员成本。天宇朗通明确规定，代理商不准挣比终
端渠道多的钱。此外，天宇朗通坚持做研发，让联发科培训自己的研发人
员，建立实验室（见图 2-11）。

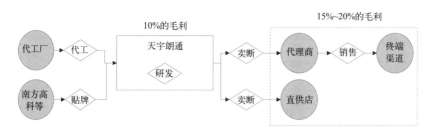

图 2-11　天宇朗通业务系统图 1

经过三年多的发展，天宇朗通拥有了基本成熟的自主研发能力，扎实可靠的渠道资源，内部高效的管理系统和扁平化组织架构。拿到牌照后，天宇朗通又一次重构业务系统。天宇朗通整合了零部件供应商、代工厂、硬软件平台、应用解决方案提供商等资源，为其开发配备了从采购到物料、代工厂管理、财务、销售等的 IT 系统，而天宇朗通则专注于研发、设计、组装和品牌运作。

在这种供应、代工、渠道直供生产模式下，天宇朗通走在了市场的前面：采购前置期只需要 20 天，行业平均水平是 2 个月；从厂商到用户的渠道库存周期不超过 2 周，行业平均水平是 2 个月。从市场需求出现到产品正式上市，同样是 MTK 的方案，天语的整个周期是 3 个月，而一般的厂商需要 6 个月。

天宇朗通的商业模式在这个阶段开始走向成熟，并积累了丰富的供应商资源、代工厂商资源，销量也已经从默默无闻上升到了国内市场前五，确立了市场地位（见图 2-12）。

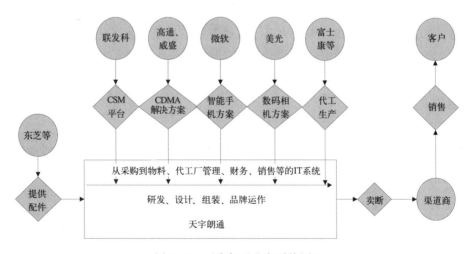

图 2-12　天宇朗通业务系统图 2

3G 到来，天宇朗通开始了从中低端到高端的品牌建设，加入定制渠道，同时频频携手中国电信、高通、微软等业界巨头，高调发布天宇朗通研发的 3G 手机。从业务系统来看，跟之前的 GSM 相比并没有太大的区别，说明天宇朗通的商业模式已经成形（见图 2-13）。

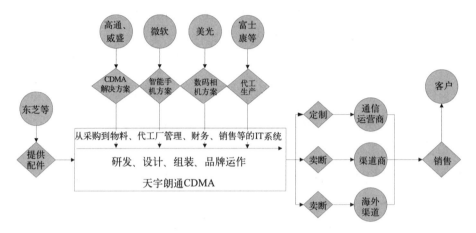

图 2-13 天宇朗通业务系统图 3

天宇朗通每一次业务系统的重构，看起来似乎都不是天翻地覆的修改，但每次渐进重构却又显得步履稳健，一步步完成了对竞争对手的超越。2009 年已进入国内市场第三，直逼三星的榜眼位置。

重构盈利模式

盈利模式是以利益相关者划分的收入结构和成本结构，是企业利益相关者之间利益分配格局中企业利益的表现。

盈利模式包括盈利的来源和计价的方式。

同样一个产品，比方说纺纱机，盈利来源有很多种：直接让渡产品的所有权，把纺纱机卖掉，这是传统的销售；只让渡产品的使用权，企业仍然保有所有权，把纺纱机租出去，收取租金，这是租赁；销售产品生产出来的产品，例如为纺纱机构建生产线，销售生产出来的纱线；作为投资工具，例如在生产纱线的同时，把纺纱机打包卖给固定收益基金，企业得到流动资金，基金公司获得一个有固定收益的证券化资产包。

计价的方式也有很多，仍然以纺纱机为例：销售时以台为计价方式；租赁时以时间为计价方式；投资时则把其整个收益分为固定和剩余两部分，以价值为计价方式。

当原有盈利模式不再有效时，企业家就要扪心自问了：是盈利的来源出现问题还是计价方式不合适？对症下药，才有可能重新走上持续盈利的新道路。

远大空调：从卖空调到卖"冷"和"热"

远大非电空调的推出，重构了传统的盈利模式。

非电空调，即溴化锂空调，主要通过天然气对溴化锂进行燃烧加热和冷却，以获得空调的制冷和供暖效用。有数据表明，非电空调相比电空调可以节约 1/3 能耗。在定价上，国内非电空调比电空调的设备价格高出一倍，虽然总运营成本因为节能会相对便宜许多，但用户往往因为现金流问题，不愿在设备的一次性投入上花费太多。

为此，2005 年，远大开始调整盈利模式。远大为客户提供能源管理合同（Energy Management Contract，EMC）。用户在选用远大的空调产品时可以不做先期投资，所有铺装和改造工程由远大完成，日常运营也由远大派专人管理。双方针对每平方米的耗电量进行估价，假如一幢大楼改造前的用电费是 200 元 / 平方米，远大测算自己的空调设备、日常管理、设备折旧费，如果可以将费用控制在 130 元 / 平方米，双方即达成价格协议，比如签约 150 元 / 平方米，超支或节支都与客户没有关系。这样，客户方既没有设备购置费，也没有日常管理费，只需向远大支出日常运营费。根据远大的估算，这样的设备投入可在 5 年后实现回收（设备寿命周期为 20 年左右）。回收期后，远大会向客户承诺再次让利，只保持赚取 10%～15% 利润。假若合同期满后，用户因确实感受到节能效果，愿意购买并自行运营，远大也欢迎（见图 2-14）。

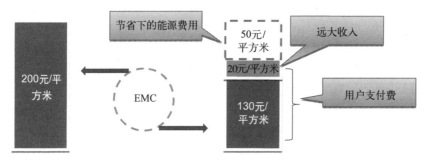

图 2-14 远大空调的盈利模式

远大的盈利模式从卖空调机转变为销售"冷"和"热"，这样客户可以将楼宇"冷"和"热"的需求外包给远大，无须再雇用和管理维修人员。远大按照客户享受"冷热"服务的使用面积收费，以这种更为合理的效用模式代替了过去定额的月度收费模式。由于新的服务合同一般持续 5～10 年，因此能保证远大获取长期且更稳定的现金流。

GE 发动机：从卖机器到卖运行时间

GE 发动机以往的盈利来自两块：一次销售的利润；5 年后大修的维修费用。这样的盈利模式后来遇到了很大的竞争压力。

首先是飞机制造商的压价压力。由于一次购买的金额过大，飞机制造商经常压价，GE 的利润空间经常被压榨。

其次，来自独立发动机维修商。这些维修商没有一次生产投入的资金压力，却可以依靠自己的维修经验攫取大修服务的巨额利润。

在两方面压力夹击之下，GE 重构了盈利模式。首先利用资本优势对独立维修商兼并收购。增强一体化服务能力之后，GE 推出了 PBTH（Power-by-the Hour）包修服务。PBTH 指航空公司不用再购买发动机、发动机配件以及维修服务，仅需购买该发动机的工作时间，在这段时间内，GE 公司会保证这台发动机的正常工作。这样一来，客户免除了初次购买的大资金投入，而 GE 则获得了稳定充沛的现金流和高额的维修服务利润。

与客户相比，GE 对自身发动机的了解更清楚。同样型号的发动机，通过 GE 运营，保养成本更低，运行时间更长，可持续产生的价值更大。多出来的这部分价值，通过盈利模式的设计，由 GE 和客户共同分享。

客户对发动机单位时间的购买成本降低了，享受到的服务却提升了。GE 因而收获了更高的客户忠诚度和更多的订单，盈利空间也得以扩大。这是双赢的盈利模式。

深圳农产品：做农产品交易所

深圳农产品股份有限公司（下称"深圳农产品"）成立于 1989 年，1997 年于深交所上市。深圳农产品为超过 4 万户批发商、超过 5 000 万农户创造了财富大平台，解决了 10 多万城市人口的就业问题。

早期，深圳农产品的收入来源主要为批发市场的交易费用收入（包括市场租赁收入、管理费收入、装卸服务费等）。其中，市场租赁收入是其主要利润来源。公司将商铺租赁给客户，租赁合同一般 3～10 年（长租为主），其间商铺租赁价格不变，租赁收入以当年实际收到租金额为主。

经历过一段多元化的弯路后，深圳农产品重新归核做农批市场，并重构了原有的盈利模式。不妨以生猪交易为范例，看看深圳农产品的新盈利模式（见图 2-15）。

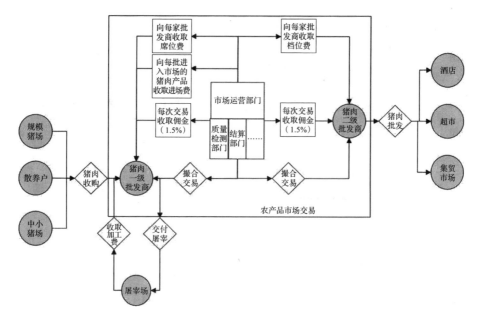

图 2-15　深圳农产品业务系统图（以生猪交易为例）

深圳农产品建立了一个生猪的交易所，等着供需双方到这里来交易，然后，收席位费、档位费和交易费等。

公司把猪肉批发商分为两级，向一级批发商（连接供应方）收取席位费，向二级批发商（连接需求方）收取档位费，缴纳费用后，一级和二级批发商就可以进入市场寻找交易对象了。席位费、档位费，这是最开始的两笔钱。

一级批发商到猪肉养殖场和散户中收购生猪，交付屠宰场进行宰杀，然后到生猪交易所寻找交易对象。每一批生猪肉进入市场时，一级批发商要向交易市场缴纳一笔进场费。这是第三笔钱。

二级批发商和一级批发商发生交易。得到生猪肉后，做进一步的简单加工，分销给超市、酒店、集贸市场等零售环节。交易双方再就每笔成功交易分别向生猪交易所缴纳 1.5% 的交易佣金。这是第四笔钱。

有固定收益（席位费、档位费，进场费），有未来风险分成（交易费），既稳定长期收入，又衍生充沛现金流，怎么样？高明吧？

既然可以做生猪交易所，自然也就可以做蔬菜交易、农副产品交易。而且不但可以在深圳做，在寿光、南宁等地方也可以做，深圳农产品这个商业模式可谓是无限复制能力、无限盈利想象。

模式本身也很难被竞争对手模仿，特别是形成一定规模后，其边际成本在下降，边际利润在提高，属于自然垄断，后来者很难打破这种市场统治地位。现今，深圳农产品控制了深圳、南昌、上海、寿光、长沙、北京、成都、西安、柳州、合肥、惠州、昆明、沈阳、南宁等 16 个城市的 25 家大型农产品综合批发市场和大宗农产品电子交易市场，旗下市场农产品年交易量超过 2 000 万吨，年交易额超过 700 亿元，占全国较有规模农产品批发市场交易总量近 10%。在这里，每天有 20 万人、4 万辆车进场交易。

深圳农产品 2009 年上半年实现营收 7.59 亿元，增长 16.3%；营业利润 1.84 亿元，大增 116.21%，净利润 1.37 亿元，增长 87.7%。在未来几年内，深圳农产品希望网络体系内批发市场的数量达到 30 多家，农产品年交易额超 1 000 亿元。

著名的盖茨基金曾以 12 000 232 股成为第四大无限售条件股东，深圳农产品的商业模式得到了比尔·盖茨的青睐。

重构关键资源能力

关键资源能力是商业模式运转所需要的有形或无形的、重要的资源和能力。商业模式不同，背后支撑的关键资源能力也不同。

每个企业的成长都有一定路径，也因此积累了各种各样的关键资源能力。重构商业模式时，原有关键资源能力是否还能适应新商业模式的发展要求，促进企业的运营，需要企业做一个全面、透彻的审视。对不适应的关键资源能力要及时舍弃，而对还不具备但却有需要的关键资源能力则要重新构建或者培养。

波音：角色转型，构筑与供应商的协作能力

飞机制造业是一个技术含量高的行业，涉及的零部件又多，以波音为例，光供应商就有100多个，并且来自六七个不同的国家。如何管理和供应商的合作关系，提升研发水平和研发效率，这是波音关键资源能力需要面对的命题。

波音公司和达索系统公司共同创造了一个名为"全球协作环境"的实时协作系统。通过这个系统，所有合作伙伴在任何时间任何地点都可以访问、检阅和修订同一张设计图并通过软件追踪修订来进行模拟，实时合作、分担风险、共享知识，波音公司和供应商从而一起创造了更高的绩效。由于解放了供应商，波音公司需要制定的条条框框大幅度简化。波音787给电子部件供应商的规则说明书仅有20页，对比波音777的2 500页，无疑是一个质的飞跃。

这个系统为波音公司的模块化生产提供了条件。供应商通过一个由波音公司维护的计算机模型（在波音公司内部防火墙之外）进行虚拟装配。波音公司的专业工程人员对这个模型有专门的数据支持。利用这些数据，各个部件的组装和校验工作得以实时进行。这部分组装的成品是被称为"次总机"的模块化机体部分。最后，各个模块被放入三架747专机，运送至波音公司在华盛顿西北部的埃弗雷特工厂。在那里，波音公司的员工完成最后一道工序——组装成总机。采用模块化生产后，波音787的组装周期仅为3天，比波音777的13～17天足足缩短了两个星期。

重构的效果显而易见：以前一个一般的工程项目需要6个月才能完成，

现在却只需 6 周。2005 年，波音公司获得了 354 份订单，近年来首次在新飞机的订单上超过空中客车。

波音将自己从一开始"集权管理者"的角色中释放出来，让"供应商"在一个平台上相互交流和协作，自己则承担起"平台的维护者、监督者、推动者和支持者"的角色。

通过构筑与供应商的协作能力，波音成功地把供应商变成了一个介于"外部利益相关者"和"内部利益相关者"之间的"拟内部利益相关者"，"硬性控制力"越来越弱，"软性控制力"却越来越强，效率也越来越高。

IBM：巧妙整合，架构整体解决方案资源库

郭士纳重振 IBM 的故事大家津津乐道，但没多少人真正了解其中的曲折。

郭士纳入主之前，IBM 已远远不是老沃森和小沃森时代的 IBM 了，机构臃肿，管理成本高，响应效率低，垂直一体化构筑的完整产业链被竞争对手从不同的环节打开、击败。IBM 的总裁一职被称为世界上最艰难的工作，连杰克·韦尔奇也避之唯恐不及。

郭士纳上任之后，并没有完全抛弃 IBM 的传统，而是从原来的劣势看到了 IBM 雄风再起的关键资源能力——IBM 拥有最完整的服务器产品线。而且，掌控着最关键的存储器和芯片。

于是，郭士纳卖掉了跟主机关系不大的业务，围绕着存储器、芯片和主机重新整合、布局。服务器加上操作系统等软件组成的工作平台，比单一硬件的总利润要高得多。IBM 的 Power 架构服务器占据了 2/3 的市场份额，占据绝对领导地位。值得称道的是，IBM 的硬件选择库里，并不只有 IBM 自身的产品，还包括对手的硬件产品。IBM 以服务器、存储设备为箭头，联合其他硬件产品（包括对手的），为客户提供了服务器产品线的

整体解决方案。据市场调研机构 Gartner 的调查报告称，2008 年第一季度，在全球前五大提供商中，按销售收入计算，IBM 的服务器份额为 29.4%，排名第一。以往的劣势变成了郭士纳重构关键资源能力的凭借。

如果说硬件集成体现了 IBM 化腐朽为神奇的能力，软件集成则体现了 IBM "拿来主义"式的整合外部资源为己用的高超能力。要知道，在软件方面，IBM 的统治地位远远不如在硬件领域。

首先仍然是老套的加减法。IBM 把原来 60 多种软件品牌集中合并为 6 种，将全球 30 多个开发实验室削减为 8 个，把 IBM 几乎全部的资源都投入到互联网中间件和开放系统中，并雇用了大批软件销售人员。同时，开展规模庞大的并购，10 年中完成了近 50 次并购，针对竞争对手完美地布好了局：Lotus 针对微软，Tivoli 针对 CA，Informix 加强 DB2 以针对 Oracle，IBM 自己开发的 WebSphere 加上 Apache 服务器直接和 BEA 相对。

产品线基本完整之后，IBM 对这些软件进行横向的初步整合，并选择 12 个行业作为重点投入资源的客户群，针对这 12 个行业市场，一共制订了 62 个行业性解决方案。同时，加强了与 ISV（独立软件供应商）和经销商的合作。ISV 直接面对客户，IBM 与之联合组成向客户销售的整体，为他们提供 IBM 的中间件产品；在为客户提供软件整体解决方案的同时，IBM 带动了在硬件方面的销售。IBM 开始实现了在软件方面的集成。

拿来主义同样被应用到后来的知识集成。其中以 2002 年收购著名专业会计公司普华永道的咨询部门最为瞩目。然而，这次 IBM 又玩出了新招数。

IBM 的每个销售团队都最少拥有 4 个人：一个销售人员，一个服务人员，一个软件人员，一个研究人员。IBM 内称之为"四合一"。这个团队将全程跟踪客户的整个服务项目过程［包括 plan（计划）、build（建设）、

manage（管理）和 run（运营）]。IBM 在跟踪整个服务项目的同时，为客户提供了涵盖硬件、软件和服务的立体化、全方位服务。

至此，以服务为龙头，在硬件集成和软件集成的基础上，IBM 实现了知识集成，为客户提供 IBM"武器库"中所有"兵器"（包括咨询、硬件、软件和运营业务等）整合在一起的整体解决方案。按照客户需求，IBM 把这些"兵器"选择、组合和优化到一起，直接解答客户在不同项目阶段的不同难题。IBM 成为向所有企业提供竞争"武器"的"军火商"。

重构现金流结构

现金流结构是在时间序列上以利益相关者划分的企业现金流入、流出的结构。现金流结构表示现金流交易的流量谱。同个盈利模式可以对应不同的现金流结构。例如，同样是手机卡充值，可预存话费，可月结。前者首先使用的是用户的资金，运营商提前获得充沛的现金流以投入用户服务，后者则是先服务后收费，运营商需要先将自身的现金流投入运营服务。

在客户初期投入较大的情况下，借助金融工具，或分期付款，或融资租赁，降低客户一次性购买门槛，无疑会吸引到更多客户；在客户每次投入不大又重复消费的情况下，预收款，同时配以高质量的服务，能够在保持甚至提高客户满意度的同时释放企业的现金流压力。因此，现金流结构是可以设计的。值得注意的是，在设计与客户交易的现金流结构的同时，企业应时刻关注不同现金流结构对自己资金压力的不同影响，并借助不同的金融工具化解现金流压力。

立思辰找金融机构为上游供应商的设备做融资租赁，UPS 通过为客户提供融资服务极大地扩大业务，都是重构现金流结构的典范。

立思辰：融资租赁，化重为轻

立思辰是一家为政府及大中型企事业单位提供办公信息系统外包服务，包括文件外包服务、视音频外包服务等方面的解决方案和服务的创业板上市公司。

依靠强大的技术研发能力和良好的供应商合作关系，立思辰购买各个供应商的软硬件资源，根据客户需求，提供办公信息系统的外包服务。基于更为专业的技术和多年的服务经验，立思辰能够延长设备的使用年限，提高客户的办公效率，并为客户管理各种信息资源提供翔实可信的分析数据，帮助客户进一步改进管理。

但是，由于办公设备（特别是打印设备）一次性投入较大，让客户一次性购买不大现实，而由立思辰购买，则存在挤压现金流的问题，对于从中小企业起步的立思辰来说，也必然是不堪重负。

为此，立思辰重构了传统的现金流结构：由立思辰通过融资租赁公司租用设备，立思辰只需支付固定小额的租金即可。这样一来，净资产负担大大降低。在将来，随着立思辰商业模式的成熟，现金流更加稳定、充沛，立思辰将考虑引入专业金融公司做项目融资，其净资产负担将有可能进一步减轻。

2009年，在金融危机下，立思辰逆势增长，营业利润比上年同期增加了35.77%，利润总额比上年同期增加了44.54%，净利润比上年同期增加了33.89%。而同期竞争对手施乐的总收入下降14%，利润下降39.7%；另一竞争对手佳能2009年净收益（等同于净利润）同比下滑57.4%；营收下滑21.6%。

UPS：三流合一，产融协同

全球最大的物流快递企业UPS，在21世纪来临之际，进入了金融服务领域，为其中小企业客户提供各种供应链金融服务，从而再造了一个物流、信息流、资金流三流合一，产业、金融共舞的新 UPS。

与传统银行相比，UPS 通过已有对物流、信息流的控制为控制资金流提供有力支撑，能有效降低信用风险控制的成本。

UPS 的很多客户是中小企业，在为客户提供物流集成方案的同时，UPS 也深度了解了客户经营状况的内部信息。而且，在整个融资过程中，客户的抵押物（存货）紧紧掌控在 UPS 手里，UPS 能有效控制违约风险。即使出现违约，由于 UPS 常年从事物流业务，对每类货物的买卖双方都很熟悉，在必要的时候可以很方便地变现抵押物资，降低损失。这些优势都是传统银行所不具备的。因此，从资信审核到过程中的风险控制，再到抵押物变现，不管是哪个环节，UPS 都能比银行节约几个点的风险成本。UPS 将节约的成本让渡给客户，推动了 UPS 金融服务的快速成长。

UPS 的贷款资金主要有三个来源，都来自企业外部，并不需要太多的内部资金支持。

第一，通过银行或资本市场融资。作为穆迪和标准普尔同时评定的 3A 企业，UPS 融资成本很低。

第二，利用代收货款服务获取短期的无成本资金。

第三，和银行合作。浦发、深发展和招商银行都是 UPS 的合作伙伴。UPS 为银行推荐客户，并为其提供信用担保等风险控制服务，由银行提供贷款并赚取利差收益。

中小企业融资难是个普遍的难题，UPS 的金融服务为它争取到了大量客户，扩大了物流市场份额，赚取了丰厚的物流收益。而相关的利益主体中，银行在有效控制风险前提下获得了利差收益，中小企业解决了资金流瓶颈，可谓皆大欢喜。

　　自 1998 年成立以来，UPS 的供应链集成部门收入额已经从 7.4 亿美元增长到 89.2 亿美元，年均增长率为 28.3%，高于 UPS 国内包裹部门年均 4.2% 的增速，也高于国际包裹部门年均 12.8% 的增速。

　　2003 年 3 月，UPS 正式推出新 LOGO，去掉盾牌标志上方用丝带捆扎的包裹图案，将原来的平面设计转化成"三维的设计"，寓意"物流、资金流、信息流真正三流合一"。今天，UPS 的模式已经引起了 DHL 等其他物流企业的关注并开始被效仿。

第 3 章

商业模式重构的方向

——

第 2 章讨论了商业模式重构旅程的起点问题。但是，应该朝哪个方向重构？

重构商业模式的终极目标是更高的企业价值，具体表现为交易成本更低，客户价值更大，经营效率更高，风险更低，适应环境变化的反应更快，成长性更好。

为了达成这个终极目标，企业可以有很多努力的方向。

从固定成本结构到可变成本结构

很多企业不理解固定成本和可变成本的区别，或者认为行业特征决定成本结构。错！不论什么行业，什么职能，都有可能实现从固定成本结构变成可变成本结构。

比方说，研发。很多大企业都养了一大帮研发人员，每年光固定成本开支就上亿美元，收效如何还不好说。能不能变成可变成本？能！

苏威集团（Solvay），是一家总部设在比利时首都布鲁塞尔的知名制药公司，在全球 50 个国家拥有近两万名员工，2009 年全球销售额达到 85 亿欧元。昆泰跨国公司（Quintiles Transnational Corp.）是一家世界领先的制药服务机构，向世界 20 家顶级药物公司中的 19 家提供服务。

2001 年，苏威集团将其研究外包给昆泰，约定苏威按昆泰的研究给自己带来的实际效益支付研究费用。合同公布时，两家公司的股价都开始上涨。5 年的合作成绩斐然：苏威完成了 3 个第三阶段临床试验计划，提前完成了两种成分药从第二阶段到第三阶段的试验计划，并为其他两个项目提供了第二阶段结论性数据并终止项目，提前释放了研究资源。

苏威的首席执行官 Werner Cautreels 认为，与昆泰的合作，和苏威独立研究相比，使苏威的项目推进更为快速，灵活性也更高。因此，2006 年 10 月 24 日，双方协议把合作期延长 5 年。苏威和 Werner Cautreels 期待，下一个 5 年双方实现效率、速度和成本节约的更高价值。

和苏威相比，宝洁走了一条更为开放的道路。

2000 年，雷富礼被任命为宝洁公司新 CEO，上任第一件事就是大刀阔斧整顿研发部门。他提出"开放式创新"的概念，把研发（Research & Develop）改名为联发（Connect Develop），创立了一家类似创意集市的网站，在上面发布解决办法的需求信息，寻求回应。雷富礼预计到 2010 年引入 50% 以上的外部创新，事实上，这个目标在 2006 年就提前实现了。

2007 年，宝洁建立了"C+D"英文网站，遍布全球的研发人员可以提交方案，并在 8 周内得到回复。网站上线一年半就收到来自全球各地的 3 700 多个创新方案。2004～2008 年，宝洁公司的研发投入不断增加，但其投入占销售额比例却从 3.1% 下降到 2.6%。开放式创新取得了巨大的成功。

宝洁曾做过一项内部调查，发现公司投入巨额研发资金，但其专利却只有 10% 用在企业产品上。因此，"C+D"网站还负责出售宝洁自己的专利，这部分也获利不菲。

对现代企业而言，产业链条上各种利益相关者种类齐全，数目繁多，任何一个需求都有可能通过合作伙伴得到解决，没必要对所有环节都大包大揽。

把固定成本结构变成可变成本结构有两个操作指向：指向企业本身和指向企业的客户。

指向企业本身，指的是企业通过合作把原本企业需要大规模投入的固定成本变成可变成本，从而节约成本，提高增长率，降低运营风险。这种方式多见于租赁和加盟。

如家的成功有多方面因素，但是其把握市场方向，适时地和合作伙伴签订物业租赁而不是购买物业却是最重要的一步棋。从固定成本结构变成可变成本结构，如家节约了大量资金，从而支持其实现更快速的扩张。反观笔者的一个朋友，也是做经济型酒店，但却运用自有资金滚动购买物业发展，起步远比如家早，到今天也没突破 15 家店，多年来难以更进一步。同样的定位，类似的模式，固定成本结构和可变成本结构的一念之差，导致了迥然不同的两种结果。

再说加盟。连锁经营已成为一种常见的企业运营业态。设想一下，假如麦当劳、肯德基把所有加盟店都变成自己投资，该需要多大一笔固定成本？采取加盟模式，由加盟商提供大部分固定成本（例如店铺装修，机器投资等），麦当劳、肯德基变固定成本为可变成本，异地扩张的速度也就不会受到资金的制约。

固定成本结构变成可变成本结构同样可以应用于客户。大家熟知的房地产按揭，施乐复印机的按张收费等，都是这种方式。把一次性大额资金购买分成多次资金购买，降低了客户一次性支付的门槛，方便了客户。客户因此有可能采取更高级的设备或者更加频繁地使用机器，这都能为企业带来更高的收益。当然，采取这种方式的同时，企业要注意运用金融工具化解自己面临的高固定成本结构。房地产的 REITs 和立思辰的设备租赁融资、项目融资值得借鉴。

国外一些著名投资银行设立的 PE 投资公司开始与众多有人脉的 VC 合作，形成发现和提供投资机会的加盟渠道，与自身的声誉和全球大规模融资能力、交易服务能力等方面的优势互补。这些著名投资银行的 PE 自己却不需要大规模雇用人手和管理。IBM 投资 VC 公司为自己寻找研发机会的模式也属于此类。

计划经济时期，国内的影视制作模式是成立很多电影制片厂，例如，北京电影制片厂、上海电影制片厂、八一电影制片厂。这些制片厂往往拥有自己的演员剧团，需要负担固定成本。市场化后，电影制片厂和演员剧团纷纷解散，代之以经纪人制度。影视制作由制片人和导演负责，按照剧本需要和创造最大票房收入的目标招募演员，拍摄完就散伙，无须负担演员的固定成本。

有些行业甚至把固定成本转变为收益。例如，旅行社以往雇用导游，支付工资，按业绩奖励。实际上，导游还可以从门票、餐饮、购物等旅游活动中获取回扣。现在，很多地方旅行社演变为管理公司，只有一个资质，重点是联系客源，导游考取导游资格后，成为个体户，不再是旅行社的固定员工。旅行社不但不支付导游薪资，不花费管理成本，反而要向导游收取带团费。

通过把固定成本结构变成可变成本结构，企业有效地打破了扩张的关键资源能力约束，彼此互为平台，互搭便车，降低了企业的投资及管理成本，增加了彼此收益。

从重资产到轻资产

轻资产的概念起源于 2001 年麦肯锡为光明乳业做咨询时提出的战略

思维，迄今已有 20 多年的历史。由轻资产延伸出很多媒体报道的明星企业，例如 PPG、耐克、ITAT、中国动向等。有些风光一时却后劲乏力，如 ITAT；有的昙花一现已然日落西山，如 PPG；当然，也有的经久不衰，如耐克。而轻资产概念的发源地光明乳业，众所周知，也经受了很大的挫折。但光明乳业轻资产战略的挫折并不能否定轻资产。实际上，随着企业竞争能力和软实力增强，资产从重变轻是必由之路。事实上，近年来，很多传统企业已经尝试重构商业模式，实践轻资产运营，并且取得了不错的效果。

但是，什么才是轻资产？学界和业界却莫衷一是。

一般而言，轻资产有两种主流的说法。

第一种说法是固定资产少，可变资产多。这和上一节提到的固定成本结构和可变成本结构有相通之处。不同的是，上一节提到的是企业整体成本结构中的固定成本变可变成本，这一节的轻资产却着眼于整体交易结构中由于固定资产产生的"固定"成本转"可变成本"。

第二种说法则是企业着重于构建企业产品设计、品牌建设、营销渠道、客户管理等方面的软实力资产，而把自己缺乏或不具备优势，或难以管理的业务环节及其运营尽可能交给合作伙伴，减少自身的投资和管理成本。最典型的例子是利丰国际，做供应链管理，在全球范围内整合资源，从价格低的地方进原材料和原配件，经过利丰的供应链整合，在生产成本低的地方生产，然后把成品卖到价格高的地区。

如何实现轻资产？有两种策略：（1）一开始就设计轻资产商业模式；（2）随着企业发展重构商业模式，从重转轻，化重为轻。

戴尔

戴尔，是一个很好的关于轻资产运营实例。很多人都讲戴尔是直销的模板，但事实上，没有多少人真正理解戴尔商业模式的内涵。

传统意义上的直销，其面向的客户主要是个人。然而，事实上，据IDG调查显示，商用市场占戴尔总销量的70%以上，25%左右卖到中小企业，家用市场在5%左右。

戴尔最值钱的资产有两个——营销队伍和组装工厂，其中又以营销队伍更为重要。

戴尔的营销队伍分为两部分：外部营销人员和内部营销人员，前者跟踪维持客户，后者开发客户，后者主要服务于前者。

目前，戴尔的外部营销人员在全中国有200多人，分布在华东、华南、华北和西南四个区域，主要负责行业和重要客户的营销工作。每4～7名外部销售人员负责一个行业的销售，向行业销售总监负责。行业和重要客户对戴尔公司意义重大，为其贡献了超过八成的营业收入。经过短短几年的发展，戴尔在中国大企业市场的份额是20%，政府市场是8%，教育市场是1%～2%。

内部销售人员利用各种渠道搜寻潜在行业/重要客户的通信方式，以电话销售的形式与客户初次沟通，在确定意向后将客户资料递交其所属的外部销售人员。每天每个内部销售人员平均拨打100～200个电话；有时还会接听一些客户主动打来的需求电话，在初步确认客户需求后，将有效需求转给外部销售人员处理。

当然，尽管个人和家庭市场的占比还不到10%，但在个人和家庭市场塑造的直销、低成本、高性价比的口碑有助于戴尔树立良好的形象并提升影响力。对这部分客户，戴尔主要通过广告、网站宣传以低配置、低价格吸引客户。

营销人员的工作效率惊人：销售人员的平均劳动生产率约为2 000万元/人/年。每个外部销售人员的季度任务为100万美元，若连续两个季度没有完成任务就会走人。内部销售人员每天要完成 100～200 个电话沟通；10 个内部销售人员组成的团队一个季度的任务是 2 000 万～3 000 万元，平均每人每天要完成两三万元的销售额。

戴尔通过营销队伍的建设建立起一套高效的客户甄别分类体系，从而使其资源能够集中于高价值的客户，为其提供性价比高的产品和个性化的服务。这部分客户就贡献了超过 80% 的营业额。全球 500 强企业中，超过 400 家是戴尔的客户，壳牌平均每周从戴尔订购 1 000 台 PC；在戴尔专门成立了一个六人的服务团队为通用公司使用的 14 万台戴尔电脑提供服务支持。

有大量客户资源作为基础，才有了戴尔与之配套的供应链管理。戴尔通过管理系统核算，确认手头库存，然后按照数量要求向零部件厂商订货，必要的部件就被运到生产据点，每两小时进行一次这样的过程，工厂内的部件大体上每两小时就会追加一次。从而，戴尔各工厂平均库存维持在 4 天左右，根据工厂的不同甚至只有 2 小时的库存。而其他对手的库存甚至有多达 45 天的。戴尔的成品物流进行外包，95% 的产品可以在 7 天内送达客户。

有了营销队伍和供应链管理的支持，戴尔才有与上游供应商谈合作的本钱。戴尔最大的 40 家供应商为其提供了约相当于总成本 75% 的物料；再加上另外 20 家供应商，60 家供应商可以满足 95% 的物料需求。

通常外国公司在中国的运营成本是本土公司的两倍，本土 PC 企业的运营成本平均占总成本的 8.5%，而外国公司则在 20%～22%，戴尔在中国的运营成本是 9%，所以它敢提"本土价格、国际品牌"。

没有营销队伍带来的大量客户需求，戴尔就不可能建立大规模的信息化供应链，即使建立起来也无法发挥规模效应，逻辑紧密，环环相扣，这才是戴尔轻资产运营成功的秘密所在。

重资产企业，往往面临规模收益递减，规模风险递增的困扰。如何解决这一困扰？可以通过分拆公司的软实力（品牌、管理能力等）和重资产，做到举重若轻，化重为轻。

2008年10月，AMD宣布正式分拆制造业务，与阿布扎比的Advanced Technology Investment Company（ATIC）携手建立一家领先的半导体生产公司——GLOBAL FOUNDRIES。重组后，AMD专注于半导体设计，而GLOBAL FOUNDRIES则成为半导体生产的大鳄。据IDC数据显示，AMD的全球PC CPU市场份额从2009年四季度的17%提升到2010年一季度的20.9%。而对手英特尔的份额则从82.1%下降至78.2%。同时，其股价在不到3个月的时间内整整翻了一倍。AMD的轻资产模式初战告捷。

普洛斯：分拆软实力和重资产

普洛斯（Prologis）是全球最大的仓储地产公司，从事物流园与标准物流设施开发、定制开发、收购与回租，于1991年创立，1994年纽约证券交易所上市，是《财富》500强企业，S&P500指数成分股。普洛斯在全球机场、港口等交通枢纽拥有2 500处仓库，总面积4 400万平方米，2008年收入56亿美元。目前，普洛斯为4 500多家世界知名企业提供通用仓库租赁，服务设施遍及北美、欧亚。"世界1 000强"中，超过半数的企业成为其核心客户。

普洛斯后来居上，得益于其利用金融工具、举重若轻的扩张模式。普洛斯通过向机构投资者（退休金、保险公司等）私募，合作建立区域性的仓储投资基金，支持其在相关区域的大规模扩张。普洛斯一方面直接拥有一些仓储资产，另一方面将开发好的仓储设施及长期收益权出售给旗下合资及管理的投资基金，为客户提供高质量仓储服务、仓储资产和基金管理，减少自身资本支出，提高资本收益率。基金持有普洛斯仓储资产大多数权益（80% 左右），获得稳定的仓储租金收入。

1999 年，普洛斯建立第一个仓储投资基金——普洛斯加州基金，资本规模 5.56 亿美元；2002 年，与新加坡政府投资公司（GIC）合作建立 10 亿美元的普洛斯日本仓储投资基金。北美第 5 只仓储投资基金在澳大利亚股票交易所上市，Macquarie Prologis Trust，普洛斯欧洲仓储基金在阿姆斯特丹证券交易所上市。普洛斯在亚洲、欧洲和北美管理了 17 只基金。

可口可乐：分拆重资产的装瓶商

20 世纪上半叶，由于缺乏资金、装瓶技术、质量管理经验，可口可乐利用特许经营模式，与每家装瓶商签订一份"永久合同"，规定浓缩液的价格，并授予装瓶商地区独家经营权。可口可乐借此发展了一个全国性装瓶商网络，成就了早期的快速增长。1980 年，可口可乐销售额接近 60 亿美元，利润达到 4.22 亿美元，其中 65% 来源于海外部门。

20 世纪 70 年代末，百事可乐从渠道出击，专攻超市连锁店。可口可乐本打算还击，但是可口可乐并不占装瓶商的股份，对后者没有控制权，几万个装瓶商各自为政，缺乏协调，并不配合可口可乐低价出击超市连锁店的市场策略。到 1980 年，百事可乐的市场占有率比可口可乐只差 9 个百分点。可口可乐到了最危险的时候。

20 世纪 80 年代初，郭思达就任可口可乐首席执行官，开始寻求和装瓶商更好的合作关系，以期获得更高的资本回报率。可口可乐首先取消了浓缩液的固定价格，增加对可口可乐有利的条款，为下一步重构企业价值扫清了障碍。1985 年起，可口可乐先后投入 30 亿美元，收购装瓶厂、回购特许权，对被收购的瓶装商进行投资和现代化改造、增强管理和市场营销能力，建立一个集中统一的可口可乐系统。

但大规模的收购提高了公司的资产密集度（＝资产／销售额），且消耗大量的流动资金，造成巨额债务。为了解决这些问题，1986年可口可乐公司创立了可口可乐装瓶商控股公司（Coca-Cola Enterprise，CCE），将可口可乐在美国收购的大型装瓶商分拆出去，由 CCE 控制。CCE 创立之后，可口可乐将之前收购产生的 30 亿美元的债务从自身报表中去除、转移到新公司 CCE 的资产负债表上；同时，将其 51% 的股份公开上市，立即回收了 11.8 亿美元的现金。

分拆出去的 CCE 整合了可口可乐公司在美国收购的装瓶商，根据它与可口可乐公司的特许合同在特定的领地范围内生产、包装、分销和销售可口可乐公司特定的产品。而剥离了大部分装瓶业务的可口可乐公司重新定位成了一个浓缩液制造商，负责制造浓缩液、饮料基和原浆，并出售给各装瓶商；同时它拥有或授权品牌，专注于饮料开发和开展市场营销活动（包括印刷和电视广告、在线项目、零售店展示、赞助、包装设计和比赛等），以联结可口可乐的品牌和消费者。

这样一分拆，可口可乐公司至少得到了以下的利益：

- 剥离了大部分的装瓶业务的重资产，而这部分资产的出售或处置给可口可乐公司带来了直接的现金流，从而支持公司继续收购扩张。

- 通过 CCE 控制国内装瓶业的大部分业务。并入 CCE 的装瓶厂不再独立，没有并入的则由于缺乏支持而渐渐失去竞争力。CCE 在成立后的两年内连续吞并一些零散的装瓶厂，进而巩固了自己作为世界上最大装瓶商的地位。而掌握其 49% 股权的可口可乐公司是最大的股东，通过公司治理架构对 CCE 的决策和运营拥有很大的决定权，但由于在财务上不实行合并报表，其资产负债表上并不包含 CCE 的资产，损益报告也不用反映 CCE 的不良业绩。

- 将可口可乐的收入来源扩增，分享更多的价值。除了浓缩液销售额之外，可口可乐还能够得到装瓶商的股权收益，分享可口可乐成品不断攀升的销售利润，而这部分利益之前的几十年基本是由装瓶商独占。

● 可口可乐自身变成一个干净、现代化、更加有效的公司，从而对于投资者来说更加有吸引力。

随后，CCE 继续进行一系列收购，成为世界上最大的装瓶商。

设想一下，假如可口可乐不把装瓶商收购进自己的阵营，散兵游勇、一盘散沙的装瓶商网络能够抵挡住百事可乐的步步紧逼吗？假如可口可乐不把收购后的装瓶商网络剥离出来独立上市，重资产的可口可乐整体能实现今天这么高的市值吗？

不但在企业，甚至是国家，也可以利用软实力撬动硬资产。

新加坡国土面积有限，相当于北京的 1/24，然而，这么小的国家（仅就国土面积而言）却创造了世界上较高的居民福利，其秘密之一就在于向全世界复制它的成功模式——建立工业园。

以苏州工业园区为例，它 1994 年由中国、新加坡共同投资设立，其中新加坡拥有 30% 的股权。整个工业园区的布局结构和服务理念完全照搬新加坡的成功经验，发展迅猛，从 2001 年起开始盈利，2007 年园区 GDP 达 836 亿元，人均 GDP 接近德国，为地方贡献 76 亿元的一般预算收入。按照 30% 的股权计算，新加坡的收入不菲。事实上，运作工业园区的裕廊集团的净利润率高达 52%，2007 年营业净利润达到 12 亿美元。

新加坡在各国投资参与开发工业园区，总面积近 12 万平方公里，相当于再造 171 个新加坡，也就难怪国土面积很小的新加坡成为世界上居民富裕指数最高的国家之一了。

以极少资源撬动大量资源，以软实力运转重资产，四两拨千斤，一方面可以拓宽盈利空间，另一方面又能更好地降低运营风险。

盈利来源多样化

传统盈利模式往往盈利来源单一：企业卖出产品或提供服务，依赖主营业务获得直接收入，主要由企业自己支付成本，承担费用。其结果是，随着企业资产随产能、销售收入规模增加和竞争加剧，主营业务利润越来越薄，甚至亏本，销售利润率、净资产收益率和投资价值随企业资产和销售收入规模递增而递减。

实际上，世界是普遍联系的，盈利方式和盈利来源也可以多样化。商业模式优秀的企业，盈利模式可以转向专业化经营，多样化盈利，随着企业销售规模扩大，不断开辟新的收益来源。虽然主营业务利润率可能下降，净资产收益率和投资价值却可以持续递增。

1974 年，麦当劳的创始人克罗克做客得克萨斯州立大学。席间，克罗克问一群 MBA 学生："你们谁能说出我是做什么的？"哄堂一笑之后，有个学生大笑着说："我们都知道，你是做汉堡包的。"克罗克却正色道："不，我的真正生意其实是商业地产。"的确，麦当劳的房地产开发和店面租金回报占据利润总额的 90%。靠卖汉堡包运营，靠产品、商业地产等盈利，正是麦当劳成功的秘诀。

赫兹租车是全球最大的汽车租赁公司，但是观察它的成本分摊，却很有意思。

首先，由于赫兹的采购量大（在 150 多个国家拥有 8 100 家营业门店，能提供 55 万辆来自福特、通用和丰田等厂家的多种车型），汽车厂商给以高折扣优惠。赫兹 70% 的车有回购协议，剩余 30% 可通过其二手车销售部门卖出。赫兹的车辆一般只使用一年，还保有八九成新，一年后不管是被汽车厂商回购，还是在二手市场销售，都能够以购买时差不多的价格处理。赫兹用新车的价格做租赁生意，却让汽车厂商分摊了最大的一笔固定成本，等于让汽车厂商免费提供新车。

其次，由于赫兹租车的广告经常出现汽车形象，汽车厂商为其分担一般的广告费用。

最后，赫兹和航空、铁路、酒店、银行、信用卡、旅行社、邮政快递、传媒业等合作，不但获得了很多渠道来源，而且让合作伙伴分摊了一些营销成本。

分析赫兹租车的企业角色，有租赁商的成分，有经销商的成分，有广告商的成分，等等。多元化的角色为赫兹带来了多元化的盈利来源。2010年以前的 20 年里，赫兹收入年均增长率达到 7.7%，位列"全球 100 个最有价值品牌"。

另外一个有趣的例子来自物业管理的一对明星：花样年和世邦魏理仕。

花样年的物管收费往往是同地段同档次楼盘的"中低水平"，曾被业内人士指责为恶性竞争。然而，很多业内人士不了解的是，花样年的主要盈利并非来自物管费，而是"社区网络服务项目收费"。据报道，花样年为业主提供了 100 多项"增值服务"，包括"代业主购物""购买充值卡""送桶装水""订送牛奶"，以及推广"加油卡""百货公司消费储值卡""社区电信储值卡"等。换言之，花样年把它所服务的小区定义为一个区域的消费群体，花样年为其提供日常消费的整体解决方案，小区业主得到了方便、低廉的服务，花样年则享受了大规模团购的价差，实际上走了一条新商业模式之路。

另外一个物业管理明星世邦魏理仕采取了截然不同的做法：面向高档商业地产，实行高收费——同样服务项目，收费通常比其他公司高 30%以上。凭什么？很简单，首先，由于世邦魏理仕的资产保值和物管水平很高，经过它管理的物业通常比较值钱。据报道，由世邦魏理仕提供管理或提供顾问服务的物业，租金一般要比其他物业高出 15%～20%。其次，世邦魏理仕和世界范围内的高端商业地产"租户"建立了多年的合作关系，可以更快地为物业找到高质量租户。有此两条，世邦魏理仕就可以根据业主的具体情况和不同阶段的需求提供不同的服务包，形成四种盈利来源："顾问服务""顾问＋驻场经理服务""全权委托管理"和"综合顾问与管理服务"。

2007 年，世邦魏理仕总收入达到 60 亿美元，超过 2 亿平方米的物管面积贡献了其中的 23%。

纵观这对物管明星，花样年和世邦魏理仕已经突破了传统物管公司的角色定义。前者赋予自身"区域消费管理者"的新角色，后者增加了资产管理和商业地产中介的新职能，对原有角色进行了全新的解构和重构。它们都获得了巨大的市场成功。多元化的角色定位带来了多元化的盈利来源，最终成就了更高的企业价值。

利益相关者角色的多元化

从 2004 年开始，中央连续七年出台一号文件聚焦"三农"，这一方面反映了政府对三农问题的关注，另一方面也映射出解决三农问题的难度和复杂性。其难度和复杂性恰恰根源于农村产业结构的单一和农民在产业中所扮演角色的单纯。

成都市锦江区三圣花乡倾力打造五朵金花，赋予了农民多元化的角色，通过重构农村商业模式破解三农难题，取得了让人称奇的成果。

三圣花乡的农民至少有五种角色：土地出租人、工人、老板、股东、参保人。五种角色对应五种收入来源：

- 出租土地，获得租金。
- 到企业打工，获得工资。

- 开办服务业，获得投资收益。这包括农家乐、景区的车辆服务、零售服务、艺术品的相关服务等。
- 宅基地入股，获得企业和艺术馆等外来投资实体的股份分红。
- 参与社会保障获得福利收入。据了解，农户达到社会保障条件后，每月可领取 364 元的养老金、210 元的低保金、报销住院费等"保障金"收入。

不是每个农民都会同时扮演五种角色，但同时扮演三四种角色，获得多种收入来源对三圣花乡的农民来说是再普通不过的事情。2007 年，三圣花乡农民的人均收入突破 10 000 元，老百姓对政府的满意度非常高。利益相关者多元化出手，效果不同凡响。

每个利益相关者都是一个复杂个体，有各种不同属性。如果企业家能充分挖掘每个利益相关者各种属性之间的关系，在设计和重构商业模式的过程中适当演绎，往往会收到意想不到的效果。

从刚硬到柔软

企业做到一定程度后，企业主总会问自己和企业一个问题：怎样才能更快地扩张，实现规模收益递增，规模风险递减，不给后来者追赶的机会？其中的一个答案就是构建更柔软的企业。

在电影《终结者 2》中，机器人 T-1000 由液态金属做成，可随意变形，从人变成直升机，再从直升机变成人，甚至还能顺着门缝"流"进去。这种液态金属已经被科学家制造出来了。它的强度，是现在世界上最好钢材的 3 倍；弹性则是后者的 10 倍；熔点比金属低得多，在一定的温度下有很高的柔性，可以像塑料那样随意成形，冷却后又非常坚硬。

金属有确定的凝固点，从液态到固态的冷却过程中，原子会按一定的规律排得整整齐齐，形成晶体；玻璃则没有固定凝固点，不管是液态的还是固态的，内部原子都是无序紊乱排列的，是一种典型的非晶体材料。如果金属熔液的冷却速度非常快，内部的原子还来不及找到自己的固定位置，就已经凝固了，那它内部的原子结构就和玻璃一样杂乱无章。因此，这种材料被称为"金属玻璃"（我们更喜欢称其为"金属液体"[⊖]，即同时具有金属和液体的特征。实践表明制造金属液体的材料应具有以下的共同特征：金属液体具有三种以上的元素，而且它们互不相斥，具有容易结合的性质。

事实上，企业也可以通过解构和重构，形成像金属液体一样可随意变形（高柔性）冷却后却又非常坚硬（高抗风险力，高运营效率）的实体。

更柔软的企业可以通过信息流去撬动产品流、服务流和现金流的交易，通过信息系统去整合所有业务活动，最终通过对信息流的掌控去管理整个业务流程，实现信息系统下的软一体化，并完成全部交易活动。

IBM 的业务组件建模（Component Based Modeling，CBM）给我们提供了一个可供借鉴的思路。

按照 IBM 的设想，企业的任何人、技术、资源、业务流程等都可以通过两个维度，即业务能力和责任级别，进行原子级别的解构。每个原子级别的单元称为业务组件（Business Component）。

业务组件是一组人、技术和资源的集合，能够提供特定商业价值并具备独立运作的潜在能力。业务组件具备独立性，组件内部的业务活动相互依赖性很大，而不同组件的业务活动之间的相互依赖性相对较少。因此，业务组件本身已经具备成为一个小企业的基本要素。

正如原子类型数目是有限的一样，企业的业务组件总数也是有限

⊖ 在后文中，如无特殊说明，"金属玻璃"和"金属液体"两种说法可通用。

的。IBM 已经完成了很大一批企业的业务组件解构，如图 3-1 所示，就是 IBM 对零售业的一个 CBM 示例。

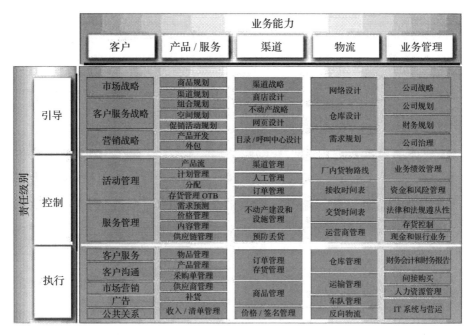

图 3-1 IBM 组件化业务模型 CBM：零售业范例

把企业分解成业务组件只是完成了对企业商业模式的解构，要重构商业模式，就要把这些已经被打散的业务组件重新组装起来。

根据业务的复杂程度不同，一般的企业会有 100～200 个业务组件，它们涵盖了企业所有业务活动。组件和组件之间可以通过标准化的接口相互引用和通信，组件和组件的不同搭建方式可以形成不同的企业。

组件的界面标准化，组件之间的通信和结合也很方便，因此，企业大可不必拥有所有的组件。组件本身可以成为一个独立的小企业，聚合力强的若干个组件可以组装成组件类，成为中型企业。组件类可以继续聚合成组件群，成为大型企业。

IBM 的 CBM 只是形形色色业务组件解构和重构方式中的一种。不同形式的组件分解方式，不同规模的聚合方式，最终造就了缤纷多彩的商业模式，重新定义了企业之间的交易结构。所有的企业将因这种重构而获得新生。

将来的企业应具备金属液体的特点，能应对任何的挑战并做相应的变形。企业的产业价值环节、产品组合、管理职能和业务流程等，都可以按照需要进行重新分解、聚合。聚合的结果（组件、组建类、组建群）将具备金属液体一样的高强度和高弹性。

金属液体由于原子之间互不排斥，更容易结合，因此具备了强度更高、弹性更好、坚韧度高的特点。这将成为未来企业重构的趋势。企业之间将因为价值观趋同、利益统一和关键资源能力互补咬合在一起，并为客户提供高消费价值，每个参与重构的企业因而得到高企业价值。企业之间既相互依赖，又彼此平等。这种依赖并非绝对不可替代，其竞合是一种"合则两利，分则两伤"的局面。商业模式重构将使企业群呈现出一番生态圈的景象，企业"物种"（商业模式）分工不同，却又彼此依存，相生相克。在这个生态圈中，并没有绝对强势的企业，而是很多各擅胜场的企业在一起生存、生长和进化。

BP 的软一体化

太阳能的环节包括多晶硅生产、硅棒、硅片、电池组、发电系统到系统集成工程等多个环节。如果一个企业涉及全部环节，要完成 1GW 的产能，需要投资 150 亿元，这是一笔巨大的投入。所以像无锡尚德等成功企业都采取在某个环节上做大做强。

BP 却采取了一种新的做法——软一体化。太阳能产业链条上的每个环节都已形成了充沛的产能，通过与各个链条上利益相关者合作的方式，BP 把具体的生产和加工委托给合作伙伴，把合作伙伴变成了自己的 OEM

厂商，自己只从事产业链整合、管理和系统集成的软一体化工作。同时，其经营厂房采取租赁方式，降低非流动资产投入，生产经营现金流实行全球统一的供销匹配的信用期，以较少的现金投入撬动企业高效运转，从而实现 15 次以上的年固定资产周转数（见图 3-2）。

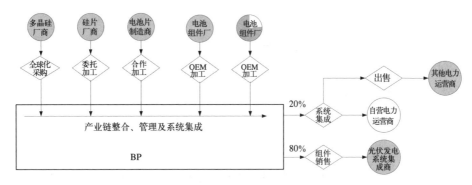

图 3-2　BP 业务系统图

为了实现这些，BP 花大力气在环节组件化和界面标准化这两项工作上，并取得了不错的成效。此外，BP 卓越的全球供应链、物流整合能力和可靠的品质、安全保障体系也使软一体化从想象中变成现实。

软一体化的好处在于 BP 能较为自如地增加和削减产能。能够低成本地扩张和收缩正是软企业的最大优势。因此，在经济危机四伏的 2009 年，无锡尚德等企业哀鸿遍野，在全球一片减产的呼声中，BP 却销售 320MW 的模组，比 2008 年翻了一番。

因为柔软，可以低成本复制，从而实现更深厚的内涵，在新的水平上实现更柔软的企业，或者品质、体验过人，或者规模经济，这样的模式复制性强，被模仿性弱，是所有企业家梦寐以求的境界。

IBM 公司的风险投资（CVC）

21 世纪的商业世界，企业的边界已经越来越模糊。很多时候，很难截然分辨某个业务单元或者某个职能单元是处于企业内部还是外部了。

事实上，我们已经看到了很多打破企业边界的做法，CVC就是一个例子。IBM和朗讯分别为我们提供了由外而内和由内而外两种不同的CVC运营方式。

CVC，全称是公司风险投资（Corporate Venture Capital），指的是大公司借助风险投资这种新投资模式，发挥自身具有较高水平的管理、产业链多元化和销售渠道网络的深入等优势，培育业务和利润增长点，迅速促进技术进步，提高企业核心竞争力。

IBM为我们提供了一个如何利用外部创新机会扩大市场影响力的范例。

1999年，IBM组建了风险投资集团（IBM's Venture Capital Group，VCG），致力于风险投资合作，关注新创立的中小创新企业，以建立IBM与合作伙伴的生态体系。

IBM的CVC运作模式为：VCG投资资金作为IVC（Independent Venture Capital，独立风险投资）的有限合伙人（LP），而IVC给予利润回报，同时把投资项目推荐给VCG。VCG通过长达6～12个月时间的接触以进一步了解团队、历史和业内评价，做出投资决策。一旦做出投资决策，VCG就把项目介绍给业务单位确立合作关系，同时，也会把一些相应的资源与VC共享，并通过技术指导、市场引导、渠道等手段支持外部VC所投资的创新公司。VCG通过产品、技术、资金等对创新公司进行投资；如果业务单位认为符合其战略需要，由VCG对创新公司进行收购（见图3-3）。

因此，创新公司的成长一方面为IBM带来了新的技术和方案，一方面也将带动IBM现有业务的发展，给IBM带来更多的销售和利润。获得风险投资支持的创新公司更容易成为IBM的合作伙伴，而一旦形成伙伴

关系，就可以进入到 IBM 的协作创新体系，可以利用 IBM 的技术、专家
资源来促进创新技术的研发，并获得 IBM 销售渠道的支持。

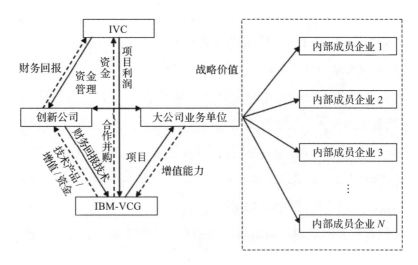

图 3-3 IBM-VCG 交易结构图

IBM 的 CVC 模式为其带来了丰硕的成果：到目前为止，IBM 已与超
过 120 家顶级风险投资商合作，通过 LP 作为间接资本力量的力量渗透进
全球 1 000 多家创新公司。这些创新公司带来的商业合作业务竟然已经占
据 IBM 总收入的 1/3，而这一比例在中国要更高。IBM 公司通过引入外部
风险投资参与的创新公司到合作伙伴项目，与 450 多万名开发人员建立了
最大的商务伙伴生态体系。在纳斯达克上市的企业中，有 45% 的企业后
面有 IBM 投资的影子。

与此同时，CVC 模式也大大促进了 IBM 的技术创新能力与速度。据
美国专利商标局发布的相关数据，截至 2007 年，IBM 已连续 15 年居美
国年获专利数量之冠。它在全球共拥有 5 万项专利，在美国也有 3.5 万项
专利，是名副其实的专利大户。

假如说 IBM 是开放性地利用外部创新的典范，那么，接下来要讲的

朗讯，则是善于把内部创新成果外部商业化的成功范例。

1997 年，朗讯科技公司创立了新风险企业集团（NVG），定位为企业内部的专业风险投资部门，采取独立营运方式，通过市场渠道将那些贝尔实验室开发出的，不符合朗讯现有业务的新技术进行商业化应用，同时达到 CVC 追求策略的目的和独立风险投资公司（IVC）追求财务利得的目的。

当贝尔实验室的研发成果无法为公司内各产品事业部门所使用时，NVG 就会主动介入，设法开发这项新技术的潜在市场价值。如果创新事业对母公司具有显著的战略性价值，则将优先由内部进行并购。而对于不具备战略价值或不能增加主业核心竞争能力的创新事业，NVG 则采取外部市场退出与独立经营发展的手段。

在创新企业的早期发展阶段，面临着极大的市场和技术的不确定性。NVG 解决这种不确定性的方式就是谨慎的四阶段运作：可行性评估阶段（initial evaluation phase）、市场验证阶段（market qualification phase）、商业运作阶段（business commercialization phase）、退出阶段（value realization or exit phase）。NVG 从创新公司退出的方式包括：内部并购、公开发行上市、出售、合资交换股权等。最终的退出决策取决于与朗讯科技的战略匹配程度等诸多因素。NVG 无疑扩大了贝尔实验室研发成果商业化的机会。

由于 NVG 采取主动推动技术商业化，朗讯内部形成了技术的竞争态势。如果事业部不能采取积极的态度来评估与使用贝尔实验室的研发成果，那么 NVG 可能就会捷足先登，以后想要再并购这项技术，可能就需要付出更大的代价。

NVG 还有利于发掘新的市场机会和破坏性技术。主要原因是 NVG 采取开放的心态，更加欢迎这些能开拓新市场的机会与破坏性创新的技术，愿意为高报酬机会承担高风险。而朗讯业务单位则从市场需求的角度来评估技术的价值。

NVG 极大地推动了技术创新的速度，在 NVG 存在的 1998～2001 年期间，朗讯的专利数量几乎以倍速增长，到 2000 年达到近 4 200 件。

NVG 的出现，有效地解决了大卫里德尔提出的"硅谷悖论"：最善于科研的公司往往也是最不善于从中盈利的公司。1998～2002 年，NVG 总共投资了 35 家创新公司。到 2001 年的 3 年内，其内部报酬率高达 65%，创新公司中 3 家被朗讯回购，3 家被关闭，其他的尚在运作中。

CVC 模式的出现，打破了传统对企业边界的理解，对优秀企业实现开放式创新和开放式运营提供了一种全新解决方案，也为优秀企业实现最终的"金属液体"形态打下了基础。

附录 3A

金属玻璃与企业重构

从金属玻璃说起

金属和玻璃的最大区别在于内部的原子结构。金属有确定的凝固点，从液态到固态的冷却过程中，原子会按一定的规律排得整整齐齐，形成晶体；玻璃则没有固定凝固点，不管是液态的还是固态的，内部原子都是无序紊乱排列的，是一种典型的非晶体材料。如果金属熔液的冷却速度非常快，内部的原子还来不及找到自己的固定位置，就已经凝固了，那它内部的原子结构就和玻璃一样杂乱无章。因此，这种材料被称为"金属玻璃"。

由于要求冷却的速度非常快，就算把一小杯金属熔液放进功率超大的冰箱或冷柜，这个冷却速度也是远远不够的。现在的金属玻璃，是用 1 秒钟降低 100 000℃～1 000 000℃的急速冷却方法制成的。因此，早期采用直接冷却的方法只能做成纳米数量级厚度的薄片。

后来，日本东北大学金属材料研究所所长井上明久发现，如果在金属熔液里加入大个头的金属原子，比如镧，大原子会破坏晶体的形成，从而大大降低结晶速度，冷却时就更容易变成玻璃态的结构。井上认为，只要找到大原子和小原子各自所占比例的最佳组合，所有的合金都能用这种办法变成金属玻璃。配方正确的话，冷却过程中小原子就会绕着大原子，绕成一簇簇，而别的小原子则会填满簇与簇之间的空隙。最后的结果就是所有的原子都是不规则排列的。

但这种材料却容易破碎。易碎的根源也是内部混乱的原子排列。不管是什么材料，有外力施加其上时，内部都会形成一个"剪切带"。在结晶材料中，晶粒会起到阻挡剪切带的作用，让它无法往前延伸。但在金属玻璃中，没什么东西挡住剪切带，于是它一往无前越来越长，最后在无法承受外力时就变成了裂缝。

后来，经过科学家的努力，在前些年，将铂、铜、镍和磷混合，得到了一种强韧的混合物。当他们用劲敲或拉材料时，里面出现了许多剪切带，但每条都又短又细，而且还挡在彼此的路上，没有一条能形成长的裂缝。实践表明制造金属玻璃的材料应具有以下的共同特征：金属玻璃具有三种以上的元素，而且它们互不相斥，具有容易结合的性质。

现在熔化了才能流动的金属玻璃，已经让人惊喜不已了。它硬度高，弹性佳，重量轻，抗腐蚀能力极强，做球拍可以让球打得更远，做装甲可以让子弹都反弹出去，做装饰品则一直光亮如新。但科学家的终极目标是造出兼具金属与液体两者优点的材料。液体因为能够流动，所以最大的特点是可以随意变形，轻松恢复原状。把一个勺子伸进水里再拿出来，勺子留下的那个洞很快就被填满了。同样道理，打碎一摊水的难度非常大，因为它会流走，绝不是待在原地挨打。说不定哪一天，《终结者2》里的液体金属就成为现实。

金属玻璃给企业重构带来的启示

金属玻璃的特点是柔性，可以随意变形和组合。而将来的企业，也应该具备这样的特点，可以应对任何的挑战做适当的变形。企业的产业价值环节、产品组合、管理职能和业务流程等，都可以随意地分解，并按照需要重新进行聚合。聚合的结果将具备金属玻璃一样的高强度和高弹性。

金属玻璃的发展其实经历了如下几个阶段：金属 / 玻璃→过冷却金属玻璃薄片→大原子金属玻璃→多元素结合金属玻璃→液态玻璃。

第一阶段的金属是晶体结构，玻璃则是典型的非晶体结构。这两者截然不同，也不存在任何可以融合的地方。在企业竞争的第一阶段，企业的结构都是等级森严、权责分明的。而企业外部资源则是零散无序的。企业外资源虽然有难以利用的缺点，企业内部却也存在僵化、反应不灵敏的弊病。企业内外界限分明，看不到深度合作或者融合的任何迹象。

第二阶段的过冷却金属玻璃薄片初步实现了高强度和高弹性，但是却上不了规模。早些年，业界最流行的就是"船小好调头"和扁平化管理。很多中小企业由于本身资源缺乏，只好充分地利用外部资源来扶植自身的成长，但这种资源利用存在短期性和即时性的特点，并没有成为企业长久的战略取向。更多的是企业长大了，模式就改了。这时的弹性化管理和柔性的交易结构是无意识的，带有机会主义的色彩，因此很难形成大的规模。

第三阶段的大原子金属玻璃由于破坏了晶体的形成，减缓了冷却的速度，使大块金属玻璃的制造成了可能，对于金属玻璃的发展，这是至关重要的一步。近些年，企业之间的联盟方兴未艾，而且有进一步深入演化的趋势，但存在一个共同的特点：这些企业联盟基本上都是少数几个大企业主导，其交易结构也是以大企业为中心，形成"中间大、两头小"一体化的价值链，或者"中间大，周边小"太阳系状的价值网。由于大企业专注于品牌的虚拟运营和价值链的整合，小企业做实体制造、营销或者物流等辅助环节，分工明确，各自都按照自己的关键资源能力选择专注环节，因此，企业的竞争力增强了，对市场反应速度也提高了。应该说，市场竞争主体从企业变成企业联盟，这是企业重构的关键一步。但正如大原子金属玻璃易碎一样，这种以大企业的意志为联盟意志的重构也有脆弱的一面。任何一个方向的关系断裂都有可能导致整个联盟的覆灭。近些年，兼并、收购、拆分、合作、分手等闹剧的不断上演，正是这种不稳定重构的表现。

第四阶段的多元素结合金属玻璃由于原子之间互不排斥，更容易结合，因此具备了强度更高、弹性更好、坚韧度高的特点。这种金属玻璃最大的特点就是原子之间的地位是平等的，相互之间也是咬合的。这也将成为未来企业重构的趋势。企业之间将因为价值观的趋同、利益的统一和关键资源能力的互补而咬合在一起，并为客户提供高消费价值，每个参与重构的企业因而得到高企业价值。由于企业之间是平等的，意味着它们之间既存在相互依赖的一面，又具备彼此平等的谈判地位，而且，这种依赖并非绝对不可替代。它们的竞合是一种"合则两利，分则两伤"的局面。企业的重构呈现出一种生态圈的景象，企业物种分工不同，却又彼此依存，相生相克。在这个生态圈中，并没有绝对强势的企业，而是很多各擅胜场的企业在一起生存、生长和进化。

第五阶段的液态金属是金属玻璃的最高状态，也将是企业未来重构的最高层次。到了这个层次，企业已经变成了完全的流体了，成为一个虚拟的实体，各种资源的流动无比充沛。企业可以按照产业价值环节、产品组合、管理职能、业务流程等无限地细分和重新聚合，企业家可以像液态金属一样，按照自己的想象，按照市场的需要，随意地变革企业，随意地重构企业交易结构，随心所欲，无往不利。到那个时候，资源的流动效率最畅通，企业的效率最优化，企业选择专业化运营和多元化运营将不存在任何的效率差异。

第 4 章

商业模式重构的挑战

———

什么时候重构？从哪里重构？朝什么方向重构？对这三个问题正确作答只不过表明企业有纸面上成功的可能。

正如西天取经需要历经九九八十一难，重构路上也遍布荆棘，挑战重重。在此过程中，企业需要舍弃很多以往赖以成功的经验，需要接受很多以往并不认同的观点。经验有可能成为负担，一无所有或许更具备虚怀若谷的巨大空间。

有破有立，不破不立，企业和企业家将在不断破、立的辩证过程中得到升华，臻于涅槃，成就不朽功绩！

理念障碍

企业成长，有赖于企业家的理念。重构商业模式，首要就是重构企业家的理念。

企业本质

企业家无不关注市场、战略、竞争策略和管理执行。如果问什么是企业，或者说企业的本质是什么，大多数企业家会觉得这根本就不是问题，或者说是无须回答的问题。企业不就是一种通过提高产品或者服务，来谋取盈利的组织吗？从会计角度看来，企业就是三张报表；对于新古典经济学来说，企业是生产函数（技术、资本和劳动）。

在经典作家论著中，企业的本质是为了达成交易成本和管理成本的总和最小化的经济组织。企业都有自己的边界。法律上界定了企业的资产、负债和收益。

马克思说过，"人是一切社会关系的总和"。新制度学派的企业理论认为，企业和市场一样，也是其利益相关者合约关系的总和，是解决利益冲突的合约结构安排。只是有些企业与利益相关者之间有合约刚性，有些则可以动态调整。

不同的商业模式，涉及的利益相关者类型、层次和责权利分配方式不同。同样外包或连锁加盟，企业与其利益相关者的交易结构可以大相径庭。例如，雷士可以免除加盟商的加盟费，还给加盟商赠送加盟店装修费；同样是公司＋农户模式，由于企业家的经营哲学、面临的商业环境不同，企业与农户的合约内容差异也会很大。

这也就是为什么定位相同的企业，发展规模、效率、速度和风险会差异明显。关键在于企业与其内外利益相关者的合约关系不同。

企业家需要打破传统的企业理念和企业边界的思想。从法律定义转换到合约定义——利益相关者的合约集，而且是动态合约集。唯有如此，才有可能以开放的心态与利益相关者动态竞合。

企业价值理念

如果你问一个企业家，你的企业规模有多大，大多数回答他的资产规模，或者销售规模。一些企业制定的五年发展规划目标也往往是资产规模和销售规模。

实际上，现代资本市场关注的企业价值是企业的投资价值，即企业预期未来可以产生的自由现金流的贴现值。好商业模式，体现为企业价值实现的效率更高，即同样的资产规模，能创造出更为充沛和更为持续的自由现金流，从而获得更大的企业价值。

企业经营的本质是投资价值。同一块资产，可以创造更大价值的企业是优秀的企业，能够创造更高价值的企业家是优秀的企业家。同样一块地，如果不能产生新的价值，那么，对企业而言，可以列为财富，但却不能并入企业的价值。

上市之前，金风科技的销售额和净利润均连续 7 年翻番，上市后市值一举超过海尔和联想的总和，而其员工总数不到 800 人，甚至不到后两者的零头。以低投入获得高效益，这才是成功的企业。

因此，评价今天一家企业是否成功的唯一标准就是此后它所创造的现金流折现值总和能否最大化，反映到资本市场上，就是高企业价值。做不到高企业价值，再多人力资本、再大资产规模也不值得炫耀，企业家反而应该因为低效率运营而感到惭愧。

控制理念

企业往往很在意控制权。控制的方式很多，技术专利、渠道、品牌、股权等。例如，美国津津乐道，而国内耿耿于怀的高通就是通过专利控制，收取我们不菲的专利使用费。2009 年是中国的 3G 元年，中国联通的 WCDMA 和中国电信的 CDMA 2000 由于采取 CDMA 空中接口技术，需要应用到高通的专利。因此，每一部 3G 手机，都要向高通缴纳不菲的知识产权转让费（约占售价的 6%）。

传统上，企业获得关键资源能力的控制权的方式是控股权。企业之间合作，也都寻求控股地位，经常为谁51%，谁49%争议。相持不下妥协的结果就是50%∶50%。

法律意义上的股权控制，往往增加管理和监督环节、层次和成本，而效果未必如愿。实际上，企业法律所有权与价值驱动因素控制权并不一致，甚至是分离的。随着企业知识密集程度增加，业务发展和增长机会与有形资产关联度反而降低，而与人力资本和增长高度黏合，但这些人力等资源并不能真正由法律上的所有者控制。

国内外不少高科技公司都有过因骨干人才跳槽，而出现业务危机的经历。高科技企业的部分核心人员因不满原有公司的管理体制或与企业所有者意见不一，或对利益分配不满，自立门户，另起炉灶。新成立的公司往往与原公司业务非常类似，甚至完全一致，在市场上直接竞争，抢占原公司的客户和市场份额。例如，金蝶软件公司掌握核心技术的人员另立山头，推出同样的软件产品，与金蝶竞争，曾使金蝶元气大伤。杭州新利电子公司高层管理和技术方面的若干核心人员因投资人不同意他们的股权激励要求，另起炉灶，成立恒升电子公司，从事与新利相同的业务，业务规模已经超过新利，已在A股上市。联想曾把中讯下属的电信计费软件部门的管理及技术团队全部挖走，导致中讯公司这一业务的瘫痪，引起法律纠纷。据Bhide（2000）统计，在美国增长最快的500家新兴公司中，71%的公司创始人来自跳槽，其产品往往出自创始人对原就职企业技术的模仿或修改。

Rajan & Zingales（2000a）给出了一个英国著名广告公司实例。1994年，英国著名广告公司Saatchi & Saatchi董事长Maurice Saatchi向董事会提出要求给自己提供股权期权。该公司由Maurice Saatchi兄弟创建于20世纪70年代初期，通过兼并收购，成为全球最大的广告代理公司。由于公司股票价格多年低迷，持有公司30%股份的美国某投资基金联合其他股东在股东大会上否决了 Saatchi 的股权期权提案。Maurice Saatchi 为此辞职，其他几个关键的高级管理人员随后也离开公司，与 Maurice Saatchi 兄弟合伙成立 M&C Saatchi 广告公司，迅速争夺了原公司不少重要客户。而原公司随后更名为 Cordiant，业务日益萎缩，公司价值急剧贬值，包括美国投资基金在内的外部投资者损失惨重。

美国投资基金自认为是这家广告公司大股东和法律意义上的资产控制者，但并没有控制这种以人力资本为主的企业价值驱动资产——公司声誉、品牌、客户关系等无形资产。这些资产实际体现在创建、实际运作和控制公司的高级管理人员身上，随他们离开而流失。当时一位高管在给公司董事会的辞职信中写道："不是我离开公司，而是公司离开了我。"

因此，不应过分强调资本意志和控股权。资产或者资源必须能够创造现金流才有价值。谁控制资产并不重要，重要的是，谁能更有效地使用资产和资源。

最重要、成本最低、效果最好的控制是以组织能力等软实力，通过优化商业模式，以价值分享或增值方式吸引利益相关者，而不是依赖控股地位或企业内部严格的管理制度。例如，通过股票奖励计划，留住掌握现有产品技术诀窍和经营能力的人员；通过合作投资计划，留住开发关键新技术、新产品的关键员工，减少增长机会的流失。

企业需要注重增强软实力和商业模式设计能力。通过动态合约设计，以商业模式的系统优势，与利益相关者形成收益激励、违约惩罚、风险分担的动态合约。有效解决信息不对称、逆向选择、道德危机问题，减少管理环节和管理协调监督成本。把利益对立转为一致，客户、利益相关者、企业股东皆大欢喜，和合共赢。

万豪酒店集团把酒店资产的所有权卖给 REITs 投资者，这无碍于万豪成为最成功的酒店管理集团。万豪依旧拥有这部分资产的使用权和经营权，更为重要的是，这部分资产能否得到增殖完全取决于万豪的酒店管理水平。"硬拥有"变成了"软控制"，资产变轻了，现金流更充沛了，控制力却有增无减。

同理，一项技术，如果不能商业化应用，即使拥有专利也不过是一张废纸；而如果能够商业化应用，即使要缴纳专利使用费，仍然可以成就伟大的企业。诺基亚采用高通的技术，这无损诺基亚的伟大；戴尔的 PC 业务依靠英特尔的芯片和微软的操作系统，戴尔本身却一直是让人景仰的 IT 公司。

能力的诅咒

温哥华冬季奥运会中国包揽了女子短道速滑 4 枚金牌，实现了前所未有的项目大满贯。看过比赛的人都知道，每一个弯道都是选手赶超前面对手的好机会。比赛成败，往往只取决于一个小小的弯道。同样，每一次新技术的出现，每一次商业环境的变化，都是一次行业洗牌的机会。传统企业青山埋骨，新兴企业星火燎原，"各领风骚三五年"，商界的改朝换代也许就发生在须臾之间。

为什么每次弯道，往往是新兴企业赶超，而不是传统企业维持统治？答案很简单：能力的诅咒！

每个成功企业都有其赖以成功的因素，由于行之有效，久而久之就成为企业发展的规则，内化成企业价值观和企业文化。当市场出现大的变动时，企业总会依赖着以往的成功经验去解决新的问题。然而，时代变了，还用冷兵器时代那套兵法原封不动地对付核武器时代的敌人，早过时了。此外，新市场，新环境，需要新的资源能力，这又往往是传统企业不具备的。旧资源能力不适应新市场，新资源能力又不具备，前怕狼，后怕虎，这就是传统企业的尴尬境地。

柯达和富士在数码时代来临时的不同反应正生动地证明了这一点。

说起影像行业，柯达曾经是当仁不让的大哥大。美国著名歌手保罗·西蒙 1973 年在歌中唱道："妈妈，别把我的柯达彩卷拿走。"柯达曾经是一个时代的象征，但是，随着在数码时代的后知后觉和动作缓慢，柯达正在慢慢地成为一个时代的背影。

时钟的指针拨回到 1976 年，柯达研制出了世界上第一台数码相机。1991 年，柯达研发出了 130 万像素的数字相机。这本该是柯达发力数码、继续引领新时代的最好契机。但柯达沉迷于自己在传统胶片领域的统治地位，对数码相机的高端技术"秘而不宣"，迟迟不在数码领域发力，企图以此延长传统胶片的生命。

相比之下，曾经是影像时代小弟的富士，拥抱数码的步伐显得更为激进。1988 年，富士推出了世界上第一台带存储卡的民用数码相机。与此同时，富士将其在传统胶片领域积累的精密化学、感光材料、涂光、光学镜头和图像处理等核心技术不断延伸到平面扫描、医疗影像、生命科学和高性能材料等领域，为数码时代预备了一系列自主知识产权。虽然富士的胶卷业务在绝对数量上仍然保持着稳步增长，但是在相对数量上却逐步下降。到 2007 年年初，富士已经形成了影像事业（传统胶卷、印相纸、数码相机、数码冲印设备）、信息事业（印刷、医疗和其他的光器械等光学材料）、文件处理事业（复印机、打印机以及完整的文件处理解决方案）等三大支柱业务领域，三者占整体销售收入的比例依次为 26%、33% 和 41%（信息事业和文件处理事业领域有一定交叉）。2006 年的《财富》"世界 500 强"榜单上，富士排名第 258 位，其全年营收约为柯达的 1.7 倍，而柯达仅排第 482 位。

柯达呢？ 2003 年开始宣布全面进入数码业务以来，遭遇了两次大的战略转型，深陷能力的诅咒和对新资源能力缺失的恐惧之中不能自拔，至今仍没走出泥潭。

2003年9月26日，柯达宣布放弃传统的胶卷业务，重心向新兴的数码产品转移。柯达的重组计划主要由两部分组成：一是要通过收购，促进数码业务的发展；二是要削减传统胶卷业务的规模，并在必要时关闭工厂。此后，柯达在全球花了约25亿美元巨资并购了6家数码印刷巨头，包括对克里奥、柯达保丽光等印刷业内品牌的重组，但收效甚微。

于是，2007年12月，柯达宣布第二次转型——时间长达4年、耗资34亿美元的庞大战略重组计划。计划裁员2.8万人，裁员幅度高达50%。然而，柯达的2009财年第三季度亏损1.11亿美元，连续第四个季度亏损。

柯达之殇，固然有经济危机时运不济之厄，究其根本，主要是前番对数码时代到来趋势判断不明，后来迫于股东压力下决心重新赶超富士的数码业务，却苦于新资源能力的缺失，又裁员，又盲目收购，猛药下多了，还是在一个重病缠身的老人身上，柯达的前途堪忧。

2009年6月，当柯达宣布，将停止生产拥有74年历史的柯达克罗姆品牌胶卷时，24年前曾使用柯达克罗姆反转片拍摄《阿富汗少女》的著名摄影师史蒂夫·麦凯瑞曾公开表示："这意味着一个时代的结束。"是的，这是一个时代的结束，这又何尝不是一个新时代的开始？

新时代的角逐，柯达能否绝地反击，破除能力的诅咒，并拥有数码时代的关键资源能力，我们拭目以待！

从熟悉领域到开拓新疆域

企业重构商业模式，或者推翻原有模式，重新再来，或者基于已有模式基础，重新设计商业模式。不管哪种，都要面临从熟悉领域到开拓新疆域的挑战。

面对全新疆域，企业有不同的战略选择。

腾讯被誉为"经常模仿人，从未被超越"的互联网公司，2009 年年底市值已经进入全球互联网公司的前三。对腾讯来说，开拓新疆域的选择就是"跟随战略"。

互联网业务何其多也，腾讯如何决定要不要进入某个新业务呢？马化腾有三问：一问：这个新的领域你是不是擅长？二问：如果你不做，用户会损失什么吗？三问：如果做了，在这个新的项目中自己能保持多大的竞争优势？有这三问，腾讯貌似激进其实稳健地进入了门户、博客、输入法、邮箱、网络游戏、社区网站等新疆域，后来居上，风头无两。

互联网发展到今天，早过了靠技术取胜的年代。如今，在互联网上，用户才是王道，谁能抓住用户，谁就拥有一切。在中国，腾讯的 QQ 曾经是任何一个连上互联网的人都会申请的应用。和 QQ 号码绑定的邮箱、博客空间、SNS 应用、网络游戏等，跟 QQ 即时通信软件一起，成了让网民最容易上手的网络应用。

互联网的一切应用都是最容易被模仿和学习的。腾讯看到一个新的应用，首先是内部研发，研发赶不上进度就直接挖团队，再不行就直接收购团队（SNS 开心农场的研发团队五分钟就在此列），坐拥互联网市值三强，没有搞不定的应用来源。腾讯的侵略性如此之强，以至于风投在看互联网项目的时候经常要问创始人一句话：假如腾讯和马化腾进入这个领域，你有什么办法足以抵挡？

腾讯就像是一个集贸市场，只要能够搞定货源，卖灯泡和卖电视机并没什么区别，用户还会因为多了一样选择而更加喜欢这个集贸市场。所谓的开拓新疆域对腾讯并不是新的，客户一样，平台一样，看起来还是熟悉的领域。

和开拓新业务相比，开拓新市场的招数就更多了，最常用的就是授权。授权又有不同的业态。

在动漫行业，做内容的企业很喜欢把动漫形象授权出去。比如，迪士尼就把它的米老鼠、唐老鸭等授权给玩具制造商，再和渠道商签订授权协议，把授权生产的玩具放到授权的渠道里去卖。我们平时在屈臣氏、沃尔玛看到的迪士尼玩具，既不是迪士尼生产的，也不是迪士尼的渠道在销售，而是迪士尼借助合作伙伴的资源在扩张。迪士尼的动漫形象业已形成市场的品牌力量，因而可以专注于熟悉领域——动漫作品，而把开拓新疆域的任务交给授权的合作伙伴，用最小的投入和最低的风险获得最大的收益。

连锁加盟是另外一种常见的授权方式。连锁企业拥有品牌、管理流程和后台支撑资源，加盟商则拥有资金和当地的运作资源。连锁企业和当地加盟商合作，前者开拓了新疆域，提升了企业价值，后者则获得了一部分的投资收益，各取所需。

同一个企业，可以同时采取多种不同的开拓新疆域方式。以星巴克为例，它异地扩张的方式就有四种：第一种，离美国近的地区，百分百自营；第二种是合营，像在日本采取合营各占50%的股份；第三种是参股，大概是百分之几参股的这种；第四种是完全的特许加盟。而在其发展早期，由于成长性很好，股票估值很高，星巴克经常把经营好的特许加盟店装进上市公司，让加盟商也拥有部分上市公司股份。

对连锁企业来说，连锁的品牌运营、管理流程是熟悉的领域，当地的资源分布是比较陌生的疆域，通过授权就可以很好地达到用熟悉领域资源去开拓新疆域的目的。

同样的行业，不一样的做事方式

除了互联网，缺乏想象力的企业家们似乎已认定每个行业都只有一种特定的商业模式。设计、生产、销售……似乎企业家只能选择以下几个答案中的一个：专业化、纵向一体化、横向一体化……

条条大路通罗马，任何一个行业，都有成千上万种商业模式可供选择。敢于尝试新商业模式的企业，有可能成就非凡的业绩，并获得高企业价值。

不妨以家具行业为例，笔者简单介绍三种商业模式，以飨读者。

第一种以红星美凯龙为代表，投资建设卖场，凭借品牌优势，塑造"一站式"家装概念，通过建设推广销售终端，吸引家居用品众多厂商入驻卖场。收取厂商的店面费和管理费，并有部分 OEM 产品的销售收入。其主要盈利来源是向进入商场的经营者收取租金和物业费，并通过全国连锁经营，将这一盈利扩大，具有典型的商业地产发展商特征。红星美凯龙的成本支出主要是建造商场的支出。为了营造高档、环保、科技的特色商场，其建造商场的成本甚至远远高于宜家、百安居。其他成本主要来自招商和管理商场（包括其自建物业）的支出。

红星美凯龙绝大部分商场都是自建的，只有个别小型店是租用的，以出租场地的方式经营。红星美凯龙采用"市场化经营，商场化管理"的独特经营模式，同时发挥商场和厂商二者的积极性，而且自建物业以降低厂家进驻的成本，保证入驻商家的经营利润。其"市场化经营"就是商场不实行统一收银，消费者可以与商家讨价还价，经营有很大的灵活性，可以更充分地发挥各家厂商的积极性，这点类似于传统的建材市场。但一般的建材市场管理混乱，质量得不到保证，红星美凯龙的"商场化管理"克服了这一弊病（见图 4-1）。

第二种以宜家为代表，输出设计，让家居用品厂商为自己做 OEM 制造。开设卖场，或特许加盟卖场，但都由宜家管理，为消费者提供舒适的家居用品购物环境。宜家负责厂商到卖场之间的一切物流（高效物流是宜家的关键能力之一），从卖场到消费者的物流由消费者自己负责。

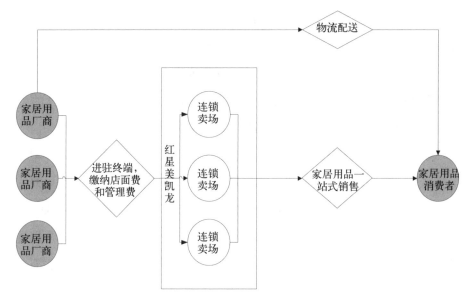

图 4-1　红星美凯龙业务系统图

宜家的盈利来源分为四种，最主要的盈利是宜家产品的销售和服务收入。由于宜家销售自己设计的自有品牌产品，具有较高的品牌价值，因此这部分收入并不像普通零售商一样仅仅是进货价与零售价的差价，而是销售产品的收入扣除给 OEM 厂商的制造费用和其他经营费用后的全部。二是宜家自建门店的地产增值，随着全球房地产市场行业的繁荣，宜家全球的 100 多家商店的地产增值收入颇为可观。三是特许经营费，即宜家向获准开设宜家商店的机构或个人收取的宜家门店特许经营费。四是宜家餐厅、小食品店的经营收入，这部分收入在宜家的经营收入中所占比例很小，却是宜家吸引留住客户的重要手段。

宜家的成本支出即设计、生产、分销、销售各环节中的成本，包括向宜家设计公司 IKEA of Sweden 提供的经费，向 OEM 厂商支付的制造费用，全球采购、分销过程中的物流成本以及开设和管理门店的成本等。宜家的平价定位基于其完善的成本控制措施，宜家的产品设计师秉承着同样价格的产品将设计成本降到更低的设计理念，利用宜家发明的"模块"式设计方法，将家具设计成可拆分的组装产品，分成不同模块，分块设计，使生产产生规模效益。设计团队还与供应商密切合作，寻找更便宜的替代材料、更容易降低成本的形状、尺寸等。全球有 2 000 多家 OEM 厂商为宜家生产产品，为这些厂商支付的产品制造费是宜家成本支出中的重要一项。为了严格控制成本，宜家在保证产品质量的情况下尽可能地选择生产成本更低的厂商，为了减少投资，宜家往往以增加订单的条件说服 OEM厂商自己投资设备用于生产宜家需要的产品。由于宜家进行了很好的成本控制，加上通过全球采购，全球配送，以及全球连锁的规模化经营，盈利被放大了很多倍，给宜家带来了可观的收益（见图 4-2）。

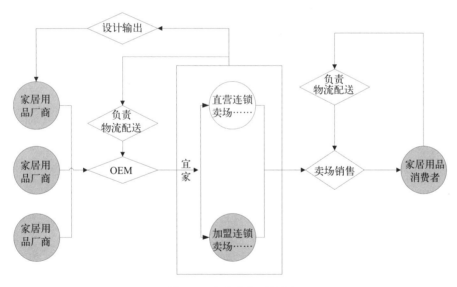

图 4-2　宜家业务系统图

　　第三种是居泰隆，通过对装修公司、供应商和销售商的整合，减少中间环节、降低流通成本，发展连锁超市（与上文两家的大卖场相比，面积仅为其 1/10）。通过信息系统，实现需求多元化下的规模采购。采购信息由居泰隆系统到厂商再到门店，由第三方物流负责统一配送到门店，门店再负责到客户的物流。

由于居泰隆的卖场面积仅为一般家居大卖场的 1/10，而对卖场来说，固定的场地费用就要占到 1/3，因此，对于省出来的这 1/3 固定成本，居泰隆就有巨大的操作空间了。

居泰隆的盈利来源至少有四笔。

厂家的返点。居泰隆庞大的客户资源为厂家带来络绎不绝的订单，于是厂家给居泰隆返点。但是厂家自己送货，要负担产品的运输成本和损失。

物流公司返点。居泰隆收到商品后，由配送中心分类包装，然后交由物流公司配送。同样地，物流公司承担运输成本和损失，却由居泰隆收取返点获利。

加盟商的加盟费和占商品订货额一定比例的管理费。

居泰隆向服务网点输出指导人员并收取一定比例的员工管理费。

而由于绝大部分展示放在电脑系统，居泰隆没有库存，展示场地固定成本低，成本支出很有限，可谓是轻资产的典范（见图 4-3）。

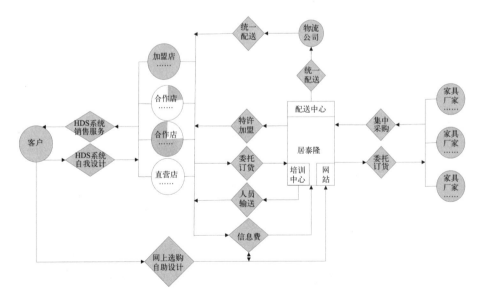

图 4-3　居泰隆业务系统图

一个简单的家具行业，随便一罗列就有三种截然不同的模式。其中红星美凯龙是集贸市场模式，靠租金和物管费用盈利；宜家是 OEM 模式，主要挣取品牌溢价；居泰隆是整体解决方案提供商，靠整体服务盈利。同个行业，不同的做事方式，而且每一种模式都可以从其他行业中找到对照的模板。

同样是从一个新兴行业起步，金风科技却走了一条不同的道路。

从一开始，金风科技就定位于做风电行业产业链的组织者。金风控制核心的整机研发设计环节，为中国的风电行业培养了一大批配套制造厂商。金风扩张到哪里，其配套制造厂商就跟着建厂到哪里，可以说，金风的全国扩张是整个风电产业链的扩张。

风电行业成长起来之后，金风遇到配套厂商为竞争对手所用的威胁。金风于是收购了上游的设计公司——德国 VENSYS（该公司的盈利模式是技术授权），进一步加强了技术研发能力。此外，凭借积累多年的、比竞争对手强大得多的风电行业运营经验，金风介入风电场投资、运营服务环节，攫取风电行业服务环节的巨大利益，实现了商业模式的升级。

从吃独食到分享未来收益

俗语说，商场如战场。很多企业都会把每一分钱算得清清楚楚，目的就是独占整个市场。然而，有这么一类企业，从来不计较自己获得蛋糕的多少，善于和合作伙伴分享未来收益，最后算总账，却还是它们赚得最多。

其实，这类企业并非完全不计较，只是它们算账的方法跟别人不同：吃独食，得到整个蛋糕，不过 1 份收益；如果跟合作伙伴把蛋糕一起做大，蛋糕变大为原来 10 倍，就算分给合作伙伴 5 份，自己还剩下 5 份，远远高于原来的收益。

天宇朗通、欧派、雷士照明，就是这一类企业。

天宇朗通：少要钱

在天宇朗通之前，手机业界的主流渠道商业模式有两种。

第一种是诺基亚等国际品牌的分账模式：手机厂商 20%～30%，代理商 10%～15%，终端渠道 5%。人员投入由代理商和终端渠道负责。

第二种是波导等国产手机的垂直一体化。对渠道采取"人员支持＋全程价保"方式，手机厂商独自承担促销员工资、手机库存压力和手机降价风险。

天宇朗通是靠做国际品牌的分销商起步的，对其商业模式设计自然也从渠道开始。和国际品牌相比，天宇朗通把自身所在的手机厂商毛利从 20%～30% 下降到 10%，剩下的 15%～20% 由渠道分销商分配。作为交换条件，渠道必须买断产品，并承担一切人员成本。事实上，买断产品后，渠道有一定的定价权，得到的利益经常高于规定的 15%～20%。

由于渠道分销商得到了更多的利益，积极性大幅度提升，短短几年间，天宇朗通就组织起了一张纵深全国、超过 1 500 家渠道商的销售网络，一举跃居国产手机第一位，并在 2009 年成为首个跻身手机三强行列的中国本土品牌。

欧派：不要钱

和天宇朗通的让利相比，欧派更进一步——不要加盟商的钱。欧派橱柜对加盟商不收取加盟费，授权品牌及提供产品给加盟者，加盟商全额投资设立专营商场，独立核算，自负盈亏。欧派要求加盟店统一欧派标识，统一 CI（品牌形象识别），统一服装，统一培训。加盟店里必须专卖欧派橱柜产品以及欧派提供的相关配套产品。作为交换，欧派赋予加盟店区域独家代理的资格。欧派为加盟店提供免费职工培训和商场专业装修指导。

加盟店的投资风险主要集中在开设店铺的前期投入。由于没有库存压力，实际上加盟店只扮演了"拉单者"和"接单者"的角色。按照欧派的加盟方案，每个店的初始投资在 15 万～50 万元之间（不包括房租），而按照欧派 2009 年的营业额和门店数目，基本上可以得出，加盟店在一年之内就可以收回投资。

截至 2009 年，除了广州、上海、北京三地有直营店，欧派在其他城市、县区拥有接近 2 000 家加盟店。欧派的专营店数量每年都以 30% 的速度递增。连锁经营不到 3 年时间，欧派营业额就突破亿元大关，轻松翻番。

雷士照明：倒贴钱

假如说天宇朗通和欧派是不吃独食的话，雷士照明可确确实实是倒贴钱给加盟商了。从 2000 年 7 月建立第一家加盟店开始，雷士非但不收取加盟费，还补贴 3 万元作为装修和样品展示费用，并给店员发基本工资，让加盟商免费开张。其他一些环节比如店面的租赁、管理等，由经销商自己负责，盈利归经销商自己所有。当然，作为条件交换，雷士要求加盟商第一单必须进不少于 10 万元的货，保证雷士不亏本。同时，针对市场上 30 天的交货期，雷士把交货期控制在 15 天，增强加盟商的渠道竞争力。

效果是立竿见影的：2000 年 7 月，第一家雷士专卖店在沈阳开张，2003 年就达到 300 多家，2004 年翻番到 600 多家，到 2009 年已经超过了 2 500 家。与之相应地，雷士的销售额也井喷式地增长，2003 年为 3 亿元，2004 年为 6 亿元。

高通：退守核心

高通最开始采取了几乎是最完整的产业圈商业模式：采用自己开发的 CDMA 芯片，通过自己的基站部做设备，通过自己的手机部做终端，通

过自己的运营商 leap wireless 做电信运营，通过自己的风险投资公司做
PDA、射频等应用。只有少数部分应用和微软、福特等合作。在 GSM 还
大行其道的 2G 时代，为了催熟 3G 产业链，大包大揽，似乎是高通唯一
的选择，别无他选。

2000 年，在高通的努力下，CDMA 用户突破 5 000 万。高通适时重
构了商业模式：手机部卖给日本京瓷，基站部卖给爱立信，芯片只研发不
生产。手机终端厂商通过向已经从高通剥离出来的 CDMA 芯片公司批量
购买芯片和高通合作，高通则养了一大批律师，专收专利费，并和侵权的
企业打官司。

从追求全能冠军转化为单打冠军，高通通过保留最核心的芯片业务实
现对整个 3G 产业链的控制。

夫唯不争，故天下莫能与之争

天宇朗通、欧派橱柜、雷士照明，从少要钱、不要钱到倒贴钱，企业
对合作伙伴的扶植可谓是不遗余力，补贴力度一个比一个大，而企业的发
展也没辜负企业家的良苦用心，业绩节节攀升。正是因为不吃独食，不抢
占利益，才能团结更多的有识之士、更多的志同道合的合作伙伴，从而获
得更大的利益。

"夫唯不争，故天下莫能与之争。"虽已历经 2 000 多年，老子的这句
话在今天听来仍振聋发聩，值得所有的企业家引以为鉴。

自废武功

每一次重构都是一个颠覆，对周围环境的颠覆，对行业惯例的颠覆，
对企业积累的资源能力的颠覆。每一次颠覆，都是一次大浪淘沙，一次吹

尽黄沙，有可能产生更伟大的企业，有可能给人们带来更多福祉，有可能把历史再往前，大大地推进一步。

但既然是颠覆，就要自废武功，把原来杯子中的污水倒掉，才能装进最多的纯净水。IBM 的重构史诗，向我们展现了一个古老企业如何一次次自废武功、重构商业模式、一次次站得更高，向我们展现了一个百年企业是怎样历久弥新、鹤发童颜的。PC 业务的成长历程，就为我们解读这段重构史诗提供了一个窥一斑而知全豹的窗口。

在 IBM 推出个人计算机之前，苹果已经研发出了第二代个人计算机 Apple Ⅱ，并获得了巨大的商业成功。在技术研发上，一步领先，步步领先。在 PC 业务上毫无根基的 IBM 落后苹果又何止一两步？当时挂帅研发 IBM PC 的唐·埃斯特利奇要想在短期内赶超苹果，不但要独辟蹊径，走与苹果不同的道路，还要打破 IBM 在大型机时代的成功经验，走跟 IBM 以往不同的研发道路。可谓是自废武功！

然而，唐·埃斯特利奇的确做到了。和苹果的封闭架构不同，以唐·埃斯特利奇为核心的"十三太保"研发团队一开始就决定走"开放"和"兼容"的道路。事实上，唐·埃斯特利奇有一条直通董事长的路，这给他自废武功提供了内部环境的支持。

IBM 的 PC 大胆采取了英特尔的微处理器和微软的 MS-DOS 操作系统，而其他的外围设备、软驱等，都采用供应商最便宜的元件，IBM 唯一做的事就是整体研发和组装。这在 IBM 之前的历史上是绝无仅有的。IBM 的不经意，形成了 PC 历史上统治时间最长久的 Wintel 联盟。IBM 的 PC 销售也打破了以往由内部业务代表做销售的大型机时代惯例，而是交给了经销商。

IBM 的第一代 PC 性能并不如同期的苹果机，但更为开放的颠覆性商业模式无疑更为吸引合作伙伴和客户。1981 年，刚创立一年的 PC 部门就为 IBM 贡献了近 10 亿美元的收入，并在 1983 年占有了企业 PC 市场的 75%。1984 年，PC 部门要是独立出来可以名列美国第三大计算机公司，仅次于 IBM 自己和 DEC。

IBM 的 PC 走下坡路是在唐·埃斯特利奇出事之后，其诱因恰恰是原有商业模式的复辟：从开放重新走向封闭。

1987 年，IBM 推出了所谓"微通道结构"（MCA）的总线新技术，大力推行自己的芯片和操作系统，通过向其他兼容厂商收取技术专利费获利。自废武功不彻底导致旧模式复辟的那时起，就几乎注定了 IBM 的 PC 业务将走向灭亡并最终拖累整个 IBM。于是，在 20 世纪 90 年代初，IBM 几乎遭受了灭顶之灾。在郭士纳起死回生 IBM 之后，2004 年年末，IBM 的 PC 业务卖给联想集团。然而，如今，无病一身轻的 IBM 靠着知识集成风生水起，而联想却深陷泥潭，不知下一个自废武功的又该是谁？

有谁背负的历史比 IBM 更长久？有谁曾经的辉煌比 IBM 更璀璨？有谁经历的成功比 IBM 更伟大？历史悠久、璀璨辉煌、成功伟大如 IBM 者，尚能否定历史，否定自己，自废武功，从而重塑企业灵魂，站得更高，千千万万根子浅、底子薄的企业却还敝帚自珍，守着过去一点残缺不堪的历史不愿意改变，能不汗颜吗？

打破常规，打破惯例，打破经验，甚至自废武功，这是企业家重构商业模式必须具备的心智和魄力。

下　篇

缤纷重构

CHAPTER 5

第 5 章

IBM：重构史诗

——

杰出企业的发展是一部不断重构的进化史诗。在不同的阶段，这些杰出的企业不断吻合商业生物界自然进化的过程，读懂了商业生态圈进化的法则，并主动顺应和融入这种法则，成为这个生态圈的主动生存者。这些永生物种的适者生存，在短期的时间里会造成很多被动生存者与之相适应生存，在一个时期形成短暂的商业生态平衡。随着商业生物界的自然进化，这些被动生存者中的极少数进化成了主动生存者，更多的是，在更高一层的竞争者被自然淘汰。主动生存者则会自我否定，进化重构，打破这种生态平衡，进入更高一层的进化层级，成为新一轮商业竞争生态中的主动生存者。

多次的进化重构，让这些主动生存者的商业优秀基因得到积累，在很长的时间里一直处于竞争领先的地位，成就长生不死的神话。

IBM，无疑，就是这样一个企业！ IBM 历史大事记如图 5-1 所示。

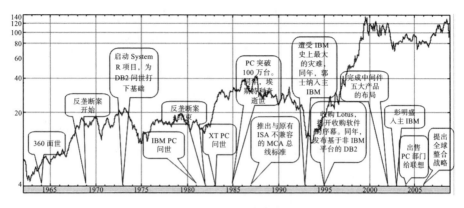

图 5-1　IBM 历史大事记

领先一步：前电子计算机时代

时间：1883～1949 年　关键人物：老沃森

了解 IBM 历史的人都知道它第一任的 CEO 是老沃森，也就是托马斯·约翰·沃森。老沃森在 1924 年创立了国际商用机器公司（International Business Machines Co., Limited，IBM），然而事实上 IBM 的历史要早得多，最早可以追溯到 1883 年。

IBM 的前身是 CTR，这家成立于 1911 年的公司实际上是三家公司合并的，分别是国际时间记录公司、计算尺公司和制表机器公司。所谓 CTR，实际上就是计算-制表-记录公司（Computing-Tabulating-Recording Company）。这次合并主角之一的国际时间记录公司早在 1907 年就收购了戴伊时间记录器公司，这是一家生产刻度盘、卡片和工时记录器的公司，前身是 1883 年成立的戴伊专利权公司，这是可以追溯到的关于 IBM 最早的历史。

当初导演这场合并的查尔斯·R. 弗林特曾断言：测量时间（时钟由记

录部门制造）、测量重量（秤由计算部门制造）、计数（打孔机由制表部门制造）等共同协作产生的效果将远远超过各自单独经营的效果。然而，事与愿违，这些产品只是由不同的部门经由不同的程序制造出来，然后由不同的销售部门卖给不同的客户而已，所谓的协同性并没有出现。1914年，弗林特找到了老沃森。其时，老沃森正处于被国民收银机公司解雇的事业低谷。但是此前，在国民收银机公司，老沃森在销售方面早已久负盛名，这正是弗林特看重老沃森的地方。

很多人都认为，是小沃森把IBM带进电子计算时代，事实上，这句话并不准确。

当老沃森1914年接手CTR公司的时候，制表机是整个公司中利润最少、收入也最少的部门，事实上，这部分也是最后才被兼并进来的。然而，老沃森超越时代的洞察力和多年经验养成的商业直觉告诉他，制表机所代表的商业计算将是未来发展的趋势。

电子机械制表机在19世纪80年代由赫尔曼·豪勒瑞斯研制成功，这种机器能够通过读取打孔机上面的孔而记录信息。豪勒瑞斯曾在美国人口统计局工作，制表机第一次大显身手也是在人口统计。1890年，电子机械制表机为人口普查节省了2年的时间，节约了500万美元。豪勒瑞斯和他的制表机公司取得了巨大的成功。但事实证明，豪勒瑞斯只是一个技术天才而非商业天才。这直接导致了他的公司后来被弗林特兼并。

老沃森被称为"推销员中的推销员"，他比任何人都更清楚产品的质量和功能意味着什么。在他接手CTR的时候，制表机公司已经落后于主要的竞争者——电力公司（Power Company），而且，租金还比后者高出30%。因此，老沃森抛弃了以前的老产品，花了整整五年的时间，开发出了功能更为强大的制表机。在之后的二十几年里，制表机成为IBM成功的关键业务。

除了在打孔机使用的打孔卡片之外，IBM制表部门的全部产品都是用来出租而不是销售的。因为，对政府而言，制表机除了人口统计，别无他用。而且，制表机一次购买的费用也过于高昂。而租金相对比较低廉，不管对政府还是私人部门都一样。这种低花费扩大了 IBM 制表机的市场容量，带来了规模经济，在 20 世纪早期，和福特的 T 型轿车一样取得了惊人的从众消费效应。此时，IBM 的业务系统如图 5-2 所示。

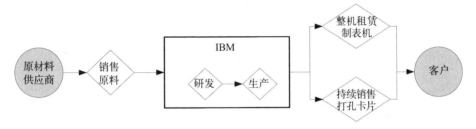

图 5-2　IBM 业务系统图 1

而 IBM 的机器上面只能用 IBM 自己生产的打孔卡片，这无疑给租赁增加了另外一层意义：在为客户持续售后服务的同时持续不断地为客户提供打孔卡片。1930 年前后，IBM 一年可以售出 40 亿张打孔卡片。1938 年，卡片的收入相当于租金收入的 1/5。整个 20 世纪 30 年代，打孔卡片的利润占到了 IBM 总利润的 1/3。打孔卡片有效地构筑起对竞争对手的门槛，而租金收入有助于维系 IBM 与客户的关系，并稳定 IBM 的收入。

1935 年，IBM 已经占领了美国市场的 85.7%。这个领先优势在第二次世界大战期间得到进一步的巩固，并把领域扩展到了整个北美洲和欧洲。

因此，是老沃森而非小沃森把 IBM 带进电子计算时代。制表机的成功，不管是从技术上还是从商业模式上，都为后来 IBM 的发展指明了方向。从制表机开始，IBM 把自己定位于一个致力于高效信息管理的公司，到今天这一定位并没有发生多大变化；从制表机开始，IBM 主要服务于政府部门和大中型企业，中间虽然经历过一些反复，但我们发现，至今，IBM 最主要的客户仍然是它们；甚至，以多年的服务流和多年的资金流为特征的现金流结构在 IBM 绝大部分的历史中也不曾改变。

此外，老沃森还重组和加强了 IBM 的销售力量。他成立了百分百俱乐部大会（前身为销售大会），开展了多项销售人员培训计划。在做好美国市场的同时，IBM 进入了加拿大市场和欧洲市场，成为一家名副其实的跨国公司。1949 年，IBM 组建世界贸易公司，1950 年与母公司正式分离。除了整个公司的研发和财务，世界贸易公司完全独立。

第二次世界大战期间，IBM 将主要精力放在军事计算、后勤和其他军需之用产品的生产上，如机枪、瞄准器、发动机等。在此期间，IBM 一方面积累了大量的财富，另一方面也积累了雄厚的技术力量，甚至，IBM 还参加了研发原子弹的曼哈顿计划。

IBM 在老沃森时代取得的成绩是非凡的。

1915 年，老沃森提出了"think"（思考）的口号，这成了后来贯穿 IBM 各个时期企业文化的核心理念之一。

1919 年，CTR 的税前收入达到 210 万美元，较老沃森入主 CTR 的前五年翻了四番。

1924 年，IBM 成立，利润达到 240 万美元。

1940 年，电子计算机诞生的前夕，销售额和利润分别为 4 360 万美元和 3 990 万美元。

1956 年，小沃森继任时，销售额已经猛增至 8.92 亿美元，利润为 8 700 万美元，员工数为 7 万多名，IBM 成为真正的大企业。

抢占先机：大型机之前 360 时代

时间：1949~1961 年　关键人物：小沃森

老沃森开启了电子计算机的大门，但是，把电子计算机商业化，并奠定了 IBM 在大型机时代霸主地位的却是小沃森，这个被《财富》杂志在 1987 年称为"或许是当代最伟大的资本家"的 IBM 继任者。

之所以把大型机时代和小沃森的名字放在一起，原因很简单：IBM 转向大型商用机器主要是小沃森的功劳，而不是其时担任 CEO 但事实上已经逐步退到幕后的老沃森。

1949 年老沃森的长子——小沃森担任 IBM 执行副总裁，成为 IBM 的第二把手，并在 1956 年接替老沃森出任 CEO，IBM 从此进入了小沃森时代，也即大型机时代。

如上文所言，老沃森开启了电子计算机的大门，但是，在电子计算机市场上引领潮流的却是雷明顿·兰德公司。这家公司推出的宇宙自动计算机以其巨大的技术优势开始取代 IBM 的大型打卡机系统。这个趋势毫不令人感到意外。据记载，最快的打孔机每秒钟只可以运行 4 次加法运算，但电子数字积分计算机每秒可以运行 5 000 次运算。而宇宙自动计算机不管从功能上还是从质量上已经全面超越了电子数字积分计算机。

与电子计算机伴随的是新的存储技术。IBM 最重要的客户之一大都会保险公司曾经把小沃森邀请到办公室，坦诚地说："你们将要失去我们公司的业务，因为我们公司的办公楼已经有 3 层堆满了打孔卡片，而且情况还在恶化。"显然，假如采用新的存储技术——磁带，这样的问题将不复存在。

1947 年，IBM 十大客户中的两个——保德信保险公司和人口普查局订购了电子积分计算机，这使得沃森父子深信：电子产品和磁带会在未来市场上占据主导地位。

1950 年，小沃森任命麻省理工学院毕业生沃利·麦克道尔为研究主管，并在全球范围内招聘了 4 000 余名青年工程师和技师，组成了最强大的研发阵容，为 IBM 的转型奠定了雄厚的人力资源基础。同时，小沃森聘请了著名数学家冯·诺依曼担任公司的科学顾问，建立工厂，训练工人，全力向大型机进发。冯·诺依曼体系结构如图 5-3 所示。

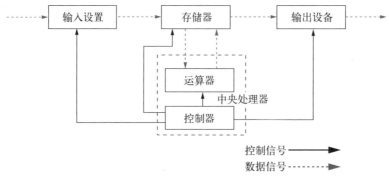

图 5-3　冯·诺依曼体系结构

这次研发对 IBM 可以说是一次彻底的重构。他们放弃了赖以成名的打孔卡，代之以自己过去不熟悉的东西——电子管逻辑电路、磁芯存储器和磁带处理机，使机器运算速度达到每秒执行 17 000 次指令。

1953 年 4 月 7 日，IBM 发布了第一台电子计算机 IBM701，以"原子弹之父"奥本海默为首的 150 位嘉宾莅临揭幕仪式，称赞这台电脑是"对人类极端智慧的贡献"，IBM 风光无限。同年 8 月，IBM 发布了应用与会计行业的 IBM702 计算机，销售 14 台。之后的 IBM704、705 销售量更是达到 250 多台，IBM 在大型机市场占得先机。

当大批追随者在大型机市场上竞争时，小沃森和 IBM 又一次显示出了卓越的远见。1954 年，IBM 开发的中型商用机器 650 以极高的性价比再一次赢得了市场，销售量达到了 1 000 台以上。到 1956 年，小沃森正式接手的时候，IBM 已经占据了 70% 的电脑市场。雷明顿·兰德公司和它的 UNIVAC 电脑只能在 IBM 的进攻下苟延残喘。美国本土除了 IBM 只剩下 7 家小电脑公司，新闻传媒戏称美国电脑业是"IBM 和七个小矮人"。

晶体管时代，IBM 在四五年里先后推出的 3 种机型 1401、1410、1440

一共销售出了 14 000 多台，电子数据处理计算机彻底战胜了卡片分析机，IBM 也从此奠定了在计算机行业的霸主地位。它登上了美国《幸福》杂志 500 家大企业排行榜的榜首，在美国运转的每 64 部电脑中，有 44 部是 IBM 生产的。此时，IBM 的业务系统如图 5-4 所示。

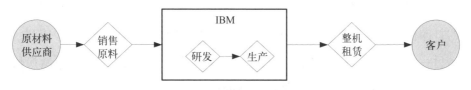

图 5-4　IBM 业务系统图 2

1961 年，小沃森管理公司的第 5 年，IBM 的销售额超过了 22 亿美元。IBM 成为一个 10 亿美元的公司（1957 年）用了 45 年，成为一个 20 亿美元的公司却只花了 4 年时间。小沃森和 IBM 取得了巨大的成功。

独孤求败：大型机之 360 时代

时间：1961～1971 年　关键人物：小沃森

IBM 在大型机时代的巅峰是在集成电路时代。小沃森的远见卓识和力排众议，造就了 IBM 历史上最成功机型 IBM360 的横空出世。IBM 为此付出了 50 亿美元和长达 5 年研发时间的代价，但到 1966 年年底，已有 8 000 台 IBM360 出厂，使 IBM 年收入超过 40 亿美元，税前纯利润高达 10 亿美元。

360 的横空出世并非偶然。发展到 20 世纪 60 年代初，大型机无疑出现了几个值得 IBM 重视的地方。

第一，这个行业的高速发展吸引到了很多很有实力的跟进者，通用电气就是其中一个。

第二，电子计算机的需求似乎永远都无法被满足。每一个细分需求都可以成为一个细分市场。

第三，各种电子计算机都是定制的统一产品，相互之间不能兼容，不管是同一厂家的还是不同厂家的，每个计算机都是特别的。其时，电脑厂家星罗棋布，大家都有一套独立的产品线，自己出品的每一台电脑和自己的打印机、外设、软件等自成体系，和别人的则老死不相往来，即使和自己另一系列的电脑也完全没法兼容。也就是说，当电脑过时需要更新换代了，客户唯一的选择就是全部换成新的产品，即使在同一厂家也没办法做到局部升级。打个比方，假如你的公司发展要求你购买功能更为强大的电子计算机，这是顺理成章的。但你不得不接受一个阵痛的过程：把你以前在旧的电子计算机上面存储的资料和数据一点一点地重新输入到新的电子计算机上面。1952～1962 年这 10 年间，光 IBM 一家公司就生产了 7 种家庭系统（1400、1620、7030、7040、7070、7080 和 7090）。各系统之间的不可兼容性已经给消费者造成了极大的不便。

综合上面几点，这个市场很大（第二点）；先进的厂商除了技术上的积累，并不能构筑起有效的进入门槛（第三点）；竞争对手很强劲（第一点）。而且，由于几乎每个电子计算机都是定制的（想想那时候全世界才有多少台电子计算机），零部件之间并不能通用，无法实现规模经济，对于 IBM 这种已经确立市场地位的公司来说显然不是一件好事。改变是在最好的时候，小沃森显然深刻理解了这句话的含义，这才有了 360 的研发。

360 首倡了兼容的概念，从非常小的处理器到非常大的处理器都可以在上面应用。为某一个处理器所开发的软件可以在任何一个 360 处理器中运行。所有的计算机外围设备——打印机、磁带机、读卡机等，也和家族中的任何一个处理器兼容。360 第一次可以让客户做到局部升级，电脑及其外设的利用次数大大提高了（这无疑有助于 IBM 实现规模经济）。这对

IBM 无疑是个巨大的成功，同时也成了竞争者的噩梦。郭士纳后来有一句评价："没有系统 360 前，IBM 只是众多生产和销售电脑的普通公司之一。"是 360 和它背后的小沃森奠定了 IBM 在大型机时代近 30 年的统治地位。

1964 年，360 推出，IBM 销售额和利润分别为 32.39 亿美元和 4.31 亿美元。在《财富》500 强中从前一年的第 18 名跃居第 9 名。到了 1970 年，销售额和利润分别为 75.04 亿美元和 10.18 亿美元，在 500 强中排名第 5 位，在通用汽车、埃索、福特和通用电气之后。然而，1970 年年初，IBM 的市值为 415 亿美元，超过通用汽车、埃索公司等三家公司市值的总和。此时，IBM 的业务系统如图 5-5 所示。

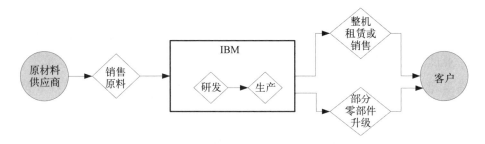

图 5-5　IBM 业务系统图 3

小沃森对 IBM，远远不止体现在大型机的研发、生产和销售上，他还构筑了 IBM 沿用至今的主要业务范围：硬件、软件和服务。IBM 最重要的存储业务和软件语言都起源于他的年代。

1952 年 IBM 推出第一款磁带存储产品——IBM 726 型磁带机。1956 年 IBM 推出世界上第一款磁盘存储系统 350 RAMAC。1958 年布鲁塞尔世界博览会上，RAMAC 以 10 种语言为参观者回答问题，大出风头。自此之后，磁盘技术便成为业界用于在线交易处理的基本存储介质。在 2002 年出售给日立之前，IBM 一直在硬盘存储业务占据统治地位。

20 世纪 50 年代中期，IBM 的 John Backus 及其研究小组开始开发出了 FORTRAN，并在 IBM704 电脑上设计编译器软件，这是世界上第一个高级语言。20 世纪 60 年代，IBM 又先后推出了 APL 和 PL/1 两种编程语言，IBM 开始占据软件行业的话语权。软件业务搭配硬件业务，IBM 建立了属于自己的计算机帝国。

1969 年，在小沃森的改革下，IBM 公司采纳新的营销政策，对大部分系统工程活动、将来的计算机程序和客户培训课程分别进行收费。IBM 横跨硬件、软件和服务三大领域的业务结构初见雏形。

从 20 世纪 40 年代末到 70 年代初，IBM 在小沃森的领导下，驰骋于大型机市场，硬件、软件和服务一体化竞争，难逢敌手，其中原因值得玩味。

第一，那个年代的计算机还处于初期发展阶段，正是建立标准和形成产业的年代，主要的客户是政府和大型企业。这样的客户对于技术水平、质量和安全性要求较高，对于价格并不敏感，IBM 凭借早期的资本积累和技术积累，有能力承受规模化商用之前的巨额研发费用，这对于小企业来说是不可想象的。由于门槛太高，今天 IBM 的主要竞争者绝大部分在那时还没出现。

第二，正因为处于建立标准和形成产业的年代，还不可能有明晰的分工，硬件、软件和服务一体化几乎就成了必然的选择。事实上，这三者在那时是作为一个整体，以整机的形式销售给客户，业务的分开定义和分离还没出现。

第三，因为门槛太高，除了 IBM，有影响的计算机企业数量有限，IBM 和其他计算机企业之间的关系更多是市场领导者和追随者，这种竞争的关系使得 IBM 不可能和其他企业有太过深入的合作。IBM 也因此养成了设置门槛、封闭竞争的企业文化，在大型机时代颇为奏效，却为后来 PC 时代的溃退埋下了伏笔。

第四，在几次关键的技术阶段转换时间点，IBM 都做出了正确的决策。这在很大程度上归功于小沃森的个人能力。领导者的因素在后面 IBM 发展中无疑扮演着极为重要的角色。

正因为以上几个原因，IBM 才能在大型机时代横行天下，而同样的因素却使 IBM 在 PC 时代几乎遭受灭顶之灾。

此消彼长：失去的 10 年

时间：1971～1981 年　关键人物：美国政府反托拉斯局

1971 年，小沃森从 IBM 淡出，接替他的是克里（Frank T. Cary）。从 1971 年到克里卸任的 1981 年是很多 IBM 人不愿意提起的一段历史。因为，在很大程度上，这是电子计算机行业从 IBM 一家独大到群雄并起的转折点。

从 1969 年开始，政府对 IBM 发动了历史上耗时最长的反垄断案，控告 IBM 公司"企图垄断，并且已经垄断了……用于一般目的的数字计算机"。政府声称，IBM 用了许多办法来阻止其他公司的竞争，包括价格限制，即降低价格以阻止进入该行业，以及引起减少其他公司产品吸引力的新产品。一直到 1982 年，美国政府反托拉斯局才以"没有必要"为由撤销了诉讼。其解释是："与电信业不同，计算机行业是无管制的，承受着市场竞争的强大压力……这一产业本质是竞争的，政府重组计算机市场的企图，可能不是促进而是损害经济的效率。"IBM 也因此幸运地逃过了和 AT&T 类似的分拆命运。

虽然作为一个整体，IBM 成功生存了下来，但这个长达 13 年的诉讼还是给 IBM 造成了深远的影响。很难说，假如从来没有这个诉讼，IBM 今天会是什么样子，电子计算机行业今天又会是什么样子。

第一个影响无疑就是对 IBM 自身运营的打击。身为总裁的克里不得不花费巨大的时间、金钱和精力去应付政府司法部门的调查和诉讼，这在很大程度上影响了 IBM 的专心运营。

第二，虽然赢得了诉讼，但是 IBM 被迫做出了让步，那就是：IBM 要允许竞争对手的发展。在大型机时代，这并不是一个大问题，因为客户主要面对的是政府和大型企业，质量和技术足够建立起很高的门槛。同时拥有硬件、软件和服务的 IBM 无疑占有先机。但到了 PC 时代，这些门槛都已经不复存在，反垄断的条款使得 IBM 不管从法律上还是心理上都无法打压竞争对手，等于被绑住了手脚。这是后话，先按下不表。

第三，在 IBM 为了应付政府诉讼疲于奔波的时候，正是几个重要对手诞生和成长的关键时刻。不妨提几个比较重要的对手，相信大家对它们的名字都耳熟能详。

英特尔：1968 年 7 月 18 日创立。1974 年 4 月 1 日，发布了第一款 8 位微处理芯片 8080。12 月，装配有 8080 芯片的计算机"牛郎星"被发明出来，这是世界上第一台装有微处理机的计算机。

微软：1975 年 7 月，微软的创始人比尔·盖茨为"牛郎星"配上了 BASIC 语言，从哈佛大学退学，和好友保罗·艾伦一起创立了微软公司。

苹果：1976 年 4 月 1 日，斯蒂夫·沃兹尼亚克和史蒂夫·乔布斯等人共同创立了苹果公司，并推出了自己的第一款计算机：Apple I。接着，1977 年 6 月 5 日，划时代的 Apple II 问世。1978 年 Apple 股票上市，3 周内市值达到 17.9 亿美元，超过福特汽车。1981 年 Apple 进入《财富》500 强。

甲骨文：1977 年 6 月，由拉里·埃里森与 Bob Miner 和 Edward Oates 一起创立。

……

在当时，这些公司并不起眼，IBM 也不会认为这些小公司能给自己制造多大的麻烦，然而，IBM 做梦也想不到，会有一个 PC 时代的到来。在那个时代，IBM 赖以成名的优势一点点地被蚕食，并最终几乎导致了 IBM 的灭亡。

IBM 同样想不到的是，在这失去的十年当中，一些无意中发展的技术会成为以后起死回生的基础和契机。

1972 年，IBM 在 IBM360 上发布了"企业资源规划"（ERP）系统。

1976 年，IBM370 上 SAS 软件帮助创造了新的竞争优势：商业智能。

1979 年，IBM 引入了通用产品代码（UPC），接着是全息扫描技术。

……

在硬件上的坐失良机，在软件上的无心插柳；自身诉讼缠身的疲于奔命，对手风生水起的成长。20 世纪 70 年代，之于 IBM，是一个灰暗中孕育新生光亮的时代；而对于电子计算机行业，则是一个新时代来临前的准备。正所谓"山雨欲来风满楼"。

后发制人：前 PC 时代

时间：1981～1985 年　关键人物：唐·埃斯特利奇

正如上文所言，开启 PC 时代的实际上是英特尔的芯片、微软的 Dos 系统、苹果公司的两代 PC 的发布。IBM 一开始并没有意识到 PC 时代有多大的影响力，而本身强大的技术力量和市场地位使 IBM 坚信自己可以在 PC 时代后发制人，而事实上，IBM 也确实做到了后发制人，只是，IBM 猜中了故事的开端，却没有猜到故事的结尾。

IBM 的 PC 注定要和一个人的名字永远连在一起：唐·埃斯特利奇。

因为正是这个人打破了 IBM 原有的商业模式，在 PC 上走出了一条跟苹果公司不同的路，从而获得了巨大的商业成功；同样也是这个人，埋下了 IBM 在 20 世纪 80 年代末到 90 年代初那次大滑坡的隐患。因此，IBM 的 PC 时代也因为这个人而分为前后两个阶段。

埃斯特利奇比 IBM 里面其他任何人都早预料到 PC 对电子计算机行业的颠覆性影响。从苹果公司推出第一款机器的时候，他就建言 IBM 高层必须重视，并要求购买一批苹果机给技术人员以方便编写程序。高层对此却置若罔闻，认为这是滑天下之大稽：IBM 本身就是电子计算机行业的老大，怎么可能反过来去购买别人的机器？埃斯特利奇没有放弃，自己买了一台苹果机私下里研究，并把研究出来的关于苹果机的缺陷和技术人员交流。

等到 Apple Ⅱ 获得了巨大的商业成功，IBM 高层才意识到问题的严重性，在 1980 年年中组建了入门级系统部，埃斯特利奇为第一任总裁，全面负责 PC 的研发工作。

在此，有必要补充一下之前 IBM 在大型机时代的商业模式。按照业务分解，大型机涉及硬件、软件和服务；按照价值链分解，则有研发、生产和销售等。由于电子计算机的发展有一个从萌芽、起步到成熟的过程，而在大型机时代，技术的门槛和研发的资金门槛，使得小公司在这个行业很难找到切入的突破口，IBM 基本都是大包大揽。也就是说，IBM 的所有业务、所有价值链环节基本都是自己做，并为后来者设置了很高的门槛。此外，在盈利模式方面，IBM 主要采取的是租赁而非购买的方式，这样一方面解决了用户一次性购买的资金困难，另一方面也为自己创造了持续稳定的现金流。因此，后来的进入者要想和 IBM 竞争大型机，将不得不掂量自己的资金实力。又一次，IBM 设定了资金链的门槛。在大力发展自己的同时断了后来者的生路。这才引发了那场旷日持久的诉讼案。

但 PC 和大型机不一样。

第一，客户群体不一样。大型机主要面对的是政府和企业，而 PC 面对的主要是家庭用户，这两类客户在诉求上是不一样的。前者需要的是质量好，技术含量高，安全性能好；后者需要的是体积小，价格便宜。对企业来说，前者的数量少，但是附加值高；后者的附加值虽然低，数量却高了很多个量级。也就是说，这是两个完全不同的市场，而 IBM 历史上擅长的是第一个市场。

第二，由于一开始电子计算机的技术发展还处于萌芽阶段，这个行业并没有形成产业化，计算机更多的是作为一个整体被研发、生产出来，而随着技术的发展，计算机从技术上开始按照模块化分工，在硬件上就分为主机、存储和外设等，而从软件上也慢慢地分为系统软件和应用软件。技术上的分工导致了产业上分工的可能。事实上，IBM S360 已经开始采取了主机核心的架构，为后来的兼容机打下了基础。这种产业分工为某些小企业从局部突破进而打败 IBM 提供了绝佳的机会。

第三，在组织架构上，多年的市场领先地位和应对高端客户需求的必要，使 IBM 形成了多层次等级分明的官僚体系，这一方面延缓了决策的速度，另一方面也提高了运营的成本，在大型机的高附加值下这并不成问题，但是在 PC 时代，这将是个致命的弱点，我们将从 IBM 在 PC 时代的表现中看到。

回到 IBM 的 PC 研发。

埃斯特利奇拥有几个得天独厚的条件。

第一，对对手的了解：他对苹果机很感兴趣，并对其有深入的研究，因此，苹果机的优点和缺点他都了如指掌。

第二，得到公司的特殊支持：在 IBM 层层官僚体系下，埃斯特利奇有一条别人没有的直通董事长的线路，这使他获得了巨大的通信自由。

　　第三，性格上的双刃剑：埃斯特利奇是一个特立独行、为人低调、跟IBM 其他部门没有太多交情的人。这样的人无疑有利于项目的保密，也为IBM PC 采取开放式结构提供了条件，同时，也为埃斯特利奇的悲凉下场埋下了伏笔，间接导致了 IBM 在这场 PC 战争中的最终失败。

　　埃斯特利奇和他手下的 12 人小组，俗称为"十三太保"，决定走和苹果不同的路，采取"开放"和"兼容"的架构。埃斯特利奇采取了 Intel 的微处理器，采取了微软的 MS-DOS 操作系统，包括其他的外围设备、软驱等都是采用供应商最便宜的元件，IBM 只做组装。销售呢，埃斯特利奇也历史性地交给 IBM 的经销商，打破了以往 IBM 业务代表做销售的规定。

　　在这点上 IBM 体现出了和苹果的区别。苹果由于害怕市场竞争，对其电脑采取了闭关自守的策略，从不把苹果的产品授权开放给其他公司。IBM 的开放式架构则最大可能地欢迎其他公司加入到这个共同开发的阵营。因此，虽然第一代的 IBM PC 在性能上并不如同期的苹果机，但在市场前景上却无疑更加光明。此时，IBM 的业务系统如图 5-6 所示。

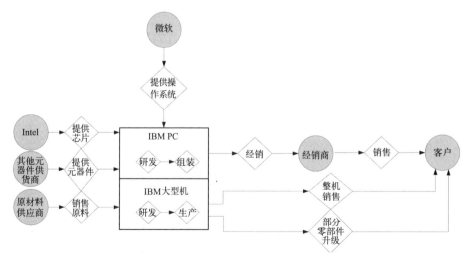

图 5-6　IBM 业务系统图 4

1981 年 8 月 12 日，IBM PC 问世了。苹果公司并没有意识到危险的到来，乔布斯反而在《华尔街日报》上打了一整版的广告："欢迎 IBM。"

IBM PC 的轰动并没有让 IBM 和它的直接对手——苹果公司等太久。第一年 PC 部门就为 IBM 创造了近 10 亿美元的收入。1983 年初 XT PC 推出，增加了 10MB 硬盘、128KB 内存、一个软驱、单色显示器、一台打印机，可以增加一个 8087 数字协处理器。当时的价格为 5 000 美元，也疯狂畅销，使 IBM 一举占有企业 PC 市场的 75%。1984 年，IBM PC 的收入已达到 40 亿美元。1985 年，IBM PC 已经售出了 100 万台，PC 事业部也成为年收入 45 亿美元，拥有上万员工的大部门。光 PC 部门就可以成为美国第 74 家大工业公司，并名列美国第三大计算机公司，仅次于 IBM 自己和 DEC。然而，这是 IBM 在 PC 市场上最后的狂欢。PC 的硬件结构如图 5-7 所示。

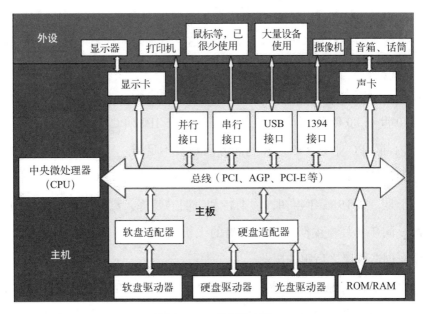

图 5-7 PC 的硬件结构

埃斯特利奇采取的开放式架构在创造极大客户价值的同时，并没有让 IBM 内部其他部门得到价值，销售部门被经销商取代，IBM 的零部件被外部更有成本优势的元件取代（可想而知，IBM 一向都不是成本的领先者）。即使是 IBM PC 的供货商也叫苦不迭，埃斯特利奇的强力杀价招致了供货商的怨声载道。

IBM 盈利模式也开始发生了转变。由于 IT 技术的发展，硬件的贬值非常厉害，几乎没几年就更新换代一次，到后来的微处理器时代更是 18 个月换代一次。IBM 以前的租赁方式已经不能跟上时代的发展，于是，从 20 世纪 80 年代初开始，IBM 希望客户可以购买而不是租赁。由于硬件总体上已经不再那么昂贵，加上 IBM 的市场影响力，客户对此欣然接受。IBM 的销售在短期里发展迅猛，营业收入不断创造新纪录。由于租赁和购买本身对客户洽谈的重点是不一样的，对 IBM 销售人员的激励点也不一样。IBM 的销售人员开始更多和客户讨论新机器的购买，而不顾及销售出去的老机器。IBM 服务质量逐渐降低，高质量的形象一天天地模糊，在以往市场构筑的客户资源一步步被削减，这给其他公司制造了机会。在 IBM 如日中天的 20 世纪 80 年代前期并不明显，这些效应到 80 年代后半段最终显现，并成为 90 年代初期 IBM 溃败的原因之一。

20 世纪 80 年代的前半期，和外界对于 IBM PC 大力吹捧不同，在 IBM 内部，PC 业务在收入和利润方面都微不足道。毕竟在当时，还是大型机大行其道的时代。

于是，在 1985 年年初，埃斯特利奇明升暗降，离开了他最心爱的 PC 部门。同年 8 月，埃斯特利奇乘坐的飞机失事，"IBM PC 之父"像一颗流星在创造璀璨之后很快陨落。

比尔·盖茨说，埃斯特利奇是他可以推心置腹的人。当时 IBM 的董事长埃克斯在哀悼时也说，埃斯特利奇本有可能最后成为 IBM 的董事长。

事实上，埃斯特利奇也是 IBM 历史上唯一可以和几位杰出 CEO 相提并论的中层领导。

几近灭顶：后 PC 时代

时间：1985～1993 年　关键人物：Wintel 联盟

1982 年，IBM 公开了 IBM PC 上，除 BIOS 之外的全部技术资料，从而形成了 PC 机的"开放标准"，使不同厂商的标准部件可以互换。在聚拢了大量板卡生产商和整机生产商的同时，这直接导致了后来康柏等厂商与 IBM PC 业务竞争的局面。几年之内，全世界冒出了数百家生产 IBM PC 兼容机的公司，它们每年的总产量达到数千台，远远超过了 IBM 公司的产量。其中最大的对手就是康柏。1986 年，康柏公司第一次领先于 IBM 推出 386 桌上型个人电脑。当年收入达 5.039 亿美元，创美国商业纪录，个人电脑销售达到 500 000 台，进入全球财富 500 强。

在感觉到背后脊梁骨发凉之后，IBM 开始意识到开放是一把双刃剑，于是，做了三件愚蠢的事情，就是这三件事情，在此后的八年里，把 IBM 一步一步推向深渊。

第一件，在微处理器芯片上丧失先机。1985 年 10 月，Intel 推出 16MHz 80386DX 微处理器，IBM 担心在芯片上长期受制于 Intel，暗中研发微处理器芯片，对是否采用 386 芯片不置可否，却被康柏抢先一步发布 386 个人电脑，丧失先机。事实上，IBM 在 1983 年和 1984 年购买了 Intel 20% 的股份，并有权再购买 10%，这项投资花了 IBM 近 4 亿美元。但 IBM 不但没有行使购买余下 10% 股份的权利，还在 1986 年和 1987 年抛掉了手上的 Intel 股份并套现 6.25 亿美元。虽然在账面上 IBM 看似占了便宜，但考虑到 Intel 后来的高速成长，对 IBM 的这一行为只能用一个成语形容：

鼠目寸光。

第二件，在操作系统上，先是目光短浅，后是控制不力。在给第一代
IBM PC 提供操作系统的时候，比尔·盖茨用 75 000 美元买来磁盘操作系
统（DOS），转手卖给了 IBM。在卖给 IBM 的时候，盖茨用了一个很高明
的收费方式：不是让 IBM 买断操作系统，而是从 IBM 的每台 PC 中收取
小额的版权费。因此，到后来微软可以到处卖 DOS，等 IBM 反应过来的
时候，微软已经成长起来了。这个故事有另外一个版本：比尔·盖茨想把
DOS 卖断给 IBM，但后者不接受。不管怎么样，总之 IBM 从此失去了对
操作系统的控制。当然，IBM 也不是等闲之辈，意识到操作系统的重要
性，于是决定和微软合作开发微机的新的操作系统 OS/2，希望可以控制
这个重要的环节。可惜 IBM 遇上的是百年难得一遇的商业天才，盖茨又
一次摆了 IBM 一刀：一方面明里和 IBM 合作开发 OS/2，得到一些短期的
利益，另一方面却暗地里加强开发独立的 Windows 系统。等到 Windows
取得巨大成功之后，微软一脚把 IBM 踢开，成就了自己的商业帝国。而
IBM 之后独立开发的 OS/2 一直处于微软的阴影之下，终于，在 2005 年，
宣布完全放弃 OS/2，承认在操作系统上的失败。

假如说前面两项只是失误的话，多少有竞争对手技高一筹的因素的
话，那么，第三件事情就是彻底的错误了，是纯粹 IBM 自断前程。

IBM 居然决定向其他兼容厂商收取技术专利费，这一招事实上和前面
对芯片的研究和对操作系统的研究是一脉相承的。IBM 希望用自己的芯
片取代 Intel 的 80386，用自己的 OS/2 取代微软的 DOS，最后用专利费达
到控制整个 PC 产业的目的。想法是好的，但前面两招本身就没有走通，
因此，IBM 的如意算盘并没有得到多少响应。这时候，IBM 走向了另外
一个极端，做了一个足以让 IBM 抱憾终身的决定：1987 年，IBM 推出
了所谓"微通道结构"（MCA）的总线新技术。虽然在多项技术指标都优

于原有的 ISA 总线，但是，MCA 却有两个致命的弱点：第一，不与原来的 PC 电脑使用的 ISA 总线兼容；第二，IBM 为其注册了版权，其他兼容厂商若是采用则需要交纳高昂的版权费。这让很多厂商望而却步，因此，MCA 的推广并不顺利，此后的市场占有率也很有限。

在同期，康柏等厂商却推出了 ISA 总线的兼容机，这成为此后仿造商的一致选择。1994 年，康柏公司在全球 PC 机市场上投放 483 万台，第一次超过 IBM 的 424 万台，一举登上了 PC 电脑的王位，宣告了 IBM 在 PC 市场统治地位的结束。此后，IBM 再也没有夺回在 PC 的王位。

所以说，IBM 并非没有意识到芯片和操作系统是控制 PC 的两个关键制高点，但是在这两个战场，IBM 都遇到了非常强劲的对手，特别是比尔·盖茨，即使放在整个人类历史，也是屈指可数的几位杰出企业家之一。IBM 原先的技术标准也慢慢地让位给了 Wintel 架构。

在 PC 时代，IBM 以开放开始，打败了苹果，赢得了 3/4 的市场；以关闭开放大门为结束，用大型机的做法去做 PC，终于，一步步丧失了 PC 的统治地位。

更为严重的是，随着 PC 的技术发展，微处理器 18 个月更新换代一次，PC 的功能越来越强大，慢慢地部分取代了大型机。也就是说，在失去 PC 控制权的同时，IBM 原来优势的大型机市场正在一步步受到蚕食。而在 PC 市场节节败退之后，IBM 再也不是那个不可一世的高端品牌，原先的高价风雨飘摇，于是，在 20 世纪 90 年代初，IBM 几乎遭受了灭顶之灾。

起死回生：管理止血和硬件集成

时间：1993～1998 年　关键人物：郭士纳

1990 年 IBM 盈利超过 60 亿美元，而 1991 年却一下子亏损近 30 亿美元，1992 年亏损 50 亿美元，1993 年亏损更高达 80 亿美元。3 年累计亏损额达 168 亿美元，创美国企业史第二高亏损纪录。

造成 IBM 这样的困境的原因是多方面的。

PC 业务的下滑无疑是一个导火索，这在前文我们已经详细描述过。但是考虑到 PC 部门在 IBM 的业务构成中才占了一成，把 IBM 的衰落完全归咎于 PC 是不对的。IBM 的衰落可能而且只有可能是它的主机业务受到了根本性的威胁。

事实上，IBM 更大的威胁来自于 UNIX，而讽刺的是，这是 IBM 实验室最有名的十几项发明之一。正是 UNIX 腐蚀了 IBM 多年形成的市场优势。

在开放的、即插即用的 UNIX 环境下，几乎所有的软件商和计算机外围产品供应商都可以为整体解决方案制造部分产品——而在 IBM 的 360 主机时代，硬件（包括主机和外设）和软件是作为一个整体提供给客户的。可想而知，这些专注于某个环节的公司，不管在价格上、质量上还是服务上都会比 IBM 更有优势——商业世界的定律告诉我们：专注容易形成规模经济和经验积累。SUN 公司、HP 公司、Digital 公司等，开始从不同的链条打开 IBM 曾经在 360 主机时代成功商业模式的严密链条。

除此之外，IBM 还受到了 PC 业务的威胁，这是一个关于未来的预测，或者更确切地说，是一个赌注。以 Intel 和微软为首的 PC 新兴企业把 IT 行业的未来描绘成一个 PC 时代，认为 PC 将改变未来世界。以此为基础，Wintel 联盟推出了所谓的"服务器 / 工作站"新企业级应用架构，直指 IBM 在大型服务器的核心业务。

碉堡总是从内部攻破的。不可否认，IBM 的内部退化才是这场风波的罪魁祸首。多年形成的市场优势使 IBM 成了傲慢、低效率的代名词。等级分明的垂直式组织架构，承诺永远不裁员的用人制度，涵盖从出生到死亡的丰厚福利制度，等等，使 IBM 成了一头步履蹒跚的大象。我们不能责怪什么，毕竟从 360 发布的 1964 年开始，IBM 持续了 20 多年的高速增长，并在 1987 年 8 月 20 日收获了 1 060 亿美元的历史最高市值。没有多少企业和企业家会有警觉性和主动性在最好的时候改变。

内外交困，IBM 似乎将不可避免地走向衰亡。在当年，即使是通用电气 CEO 杰克·韦尔奇也拒绝拯救 IBM，SUN 公司的 CEO 斯科特·麦克尼利甚至公开叫嚷说："最好别叫我去。"媒体把 IBM 的 CEO 称为"美国最艰巨的工作之一"。

1993 年 4 月 1 日（这个日期我们一点都不陌生），郭士纳临危受命，成为 IBM 第 7 任 CEO。郭士纳原来是一家食品公司的总裁，在入主 IBM 之初，曾有人开他的玩笑说：他也是做（芯）片的，不过是土豆芯片（He also made chips, but potato chips）。这句玩笑话后来却成为郭士纳传奇经历的经典注脚：他以一个 IT 门外汉的身份拯救了历史上最伟大的 IT 公司。

郭士纳着手从内部的财务止血开始：把分给股东的年底分红减半；裁员 3.5 万人，削减开支 89 亿美元，这是继 1992 年裁员 4.5 万人之后的又一次大规模裁员；卖掉了很多非核心业务，充实企业现金流：如出售联邦系统，卖掉了创始人老托马斯·沃森从 1937 年开始收藏的价值 2 500 万美元的 350 件美术作品，以 2 亿美元的价格卖掉了处于曼哈顿市中心第 57 大街的 43 层摩天大楼，还以 4 800 万美元的价格卖掉了佛罗里达州博卡拉顿的综合建筑。

接着，郭士纳的手伸向了内部的部门精简。在两年多的时间里，从信息技术系统节省了 20 亿美元，把 155 个数据中心削减为 16 个，还将 31 个固定的内部交流网络削减为 1 个。21 个公司办公地点压缩为 5 个。同时，对其组织结构机制进行重大改革。通过使各分支单位成为利润中心而使组织结构分权化，发展出网状组织，进行层级缩减、组织扁平化，使每个成员都发挥专业能力。精简的同时是沟通方式的扁平化。沟通环节的减少，导致 IBM 决策效率的提高。

同时，郭士纳砍掉了很多偏重于理论研究却没有商业效益的项目，要求研发必须和市场对接。一旦一个研究项目可以商业应用了，他就会把整个研究小组从研究部调到产品部门。IBM 的研发费用因而从 9% 降低到 6%，但是硬件开发的时间却由 4 年下降到 16 个月，有些项目时间还更短。为了弥补因此带来的长期风险，IBM 加强了和大学合作，在几十所大学开展了科研合作或者是设立了奖学金。

在节流动作进行的初始，郭士纳的努力就得到了市场的回应，从 1993 年下半年开始，IBM 的业绩开始复苏，客户也开始对 IBM 的改变表示欢迎和支持。这意味着郭士纳开始在 IBM 确立了稳固的地位和话语的权威，他将有更大的操作空间。

郭士纳需要为 IBM 的发展寻找一盏明灯。

经过多次和客户的深入交流，郭士纳找出了客户之所以抛弃 IBM 的原因：高价格、迟钝的服务，而这，都根源于 IBM 多年形成的垄断地位。是 PC 的出现，让客户看到了打破 IBM 价格保护伞的可能。新兴的电脑零件供应商也的确做到了高质量和低价格。因此，症结并不在于是分散还是集中，客户并不关心这个，客户关心的是质量和价格。

而越深入分析电脑行业，郭士纳就越觉得，这样分散的业务布局并不长久。客户最终将会被这些纷繁复杂的零部件、软件系统折磨得越来越不耐烦。因此，客户将会转向整体解决方案提供商。

现代计算机通行硬件结构如图 5-8 所示。

IBM 无疑拥有硬件方面最齐全的产品线，在电子计算机行业拥有最丰富的经验，是真正有能力为客户提供硬件整体解决方案的唯一一家公司。因此，提供硬件整体解决方案成了 IBM 转型的第一步。但在此之前，

IBM 必须剥离非核心的硬件业务。这一方面可以减轻 IBM 在其上面的投入和管理；另一方面也可以回收现金流，将其转向更为核心的业务。IBM 评判是否保留的标准简单明了：能否提供未来现金流。

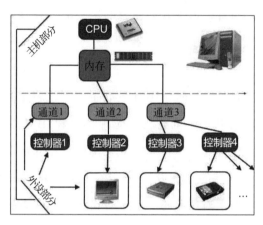

图 5-8　现代计算机通行硬件结构

1997 年，剥离打印机业务，退出与英特尔竞争的运算芯片问题。

1998 年，IBM 将全球网络业务（IGN）以 40 亿美元卖给了 AT & T 公司，同时 IBM 得到了 AT & T 公司 100 多个数据中心的 10 年运营业务，此项业务的金额也是 40 亿美元。IBM 为 AT&T 管理数据中心，而 AT&T 为 IBM 提供通信网络服务。

2000 年，IBM 将网络设备全部卖给了思科。不仅是硬件设备，IBM 还将 200 余项核心技术专利也转让给了思科。此后，思科每生产一个相关设备都要支付 IBM 相应的专利使用费。与此同时思科将系统集成与服务业务交给了 IBM，成为 IBM 另一个外包服务的大客户。

2002 年 IBM 与日立公司谈判，表示以 20.5 亿美元的价格向日立公司转让硬盘业务部门的资产。

2004 年年末（这是发生在彭明盛时期），IBM 将 PC 业务卖给联想集团，IBM 则因此持有联想的股份。联想降低了收购的风险和当期资金成本，IBM 则因此分享了联想 PC 业务的未来增长。

IBM 出售硬件业务，回收的要不就是现金流，要不就是服务方面的合同，或者是两者的结合。也就是说，IBM 的硬件剥离，事实上是为后面的服务业务让路。而且，值得我们注意的是，IBM 在存储和服务器（IBM 把中型机和大型机后来统一为服务器）等方面的核心硬件业务并没有得到损害。

在剥离非核心业务的同时，IBM 发展了定制化芯片的业务，今天在索尼、任天堂和微软游戏机里面运行的芯片都打着 IBM 的标签。IBM 发展定制化芯片的理由也很充分，也是建立在网络计算的基本判断上：如果未来的世界被数以亿万计的计算设备——PC 只是其中的一种接口——所占据，那么，无疑会产生对这些唯一的计算设备更具威力的定制化芯片的大量需求。智能化电视、游戏操纵台、手提式电脑、移动电话、家用电器、汽车等，都将会是 IBM 定制化芯片的用武之地，而这是一片英特尔还没有占据的市场。

有舍有取，IBM 构筑了极具竞争力的硬件产品线。IBM 的硬件集成如图 5-9 所示。

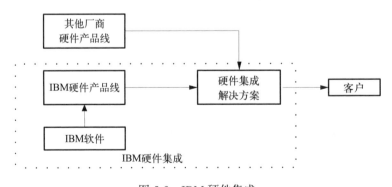

图 5-9 IBM 硬件集成

IBM 开始为客户提供整体的 IT 硬件采购方案。极为难得的是，IBM

的硬件选择库里，并不只有 IBM 自身的产品，还包括对手的硬件产品。毫无疑问，这在导致 IBM 内部市场销售人员、服务人员和技术研发人员矛盾的同时，激发了内部的潜力。郭士纳希望 IBM 的产品能够打开大门，跟市场上的产品进行全面的竞争，而把整体解决方案作为一个很好的销售渠道和方式。在五年间，IBM 在硬件开发上继续投进 20 亿美元，使硬件重新回到了领先位置，郭士纳和硬件整体解决方案取得了成功。1997 年，深蓝计算机战胜国际象棋大师仅仅是一个标志性的缩影。

如今，IBM 在服务器上已经形成了四大主要系列。

Z 系列：Z 系列是 IBM 的服务器的支柱产品，都是大型机，定位于大型计算机级别，主要面向不能容忍故障停机的大中型企业，包括大银行、经纪公司、电信服务提供商，以及拥有大型数据库而操作复杂的企业。这主要是原有 360 主机系列的延续，是 IBM 在质量上最完美的体现。Z 系列上面只安装操作系统（OS/390）和系统软件（有一部分来自于合作伙伴的开发），这一系列的产品线是封闭系统，目前没有竞争对手。

I 系列：该系列服务器最明显的特点就是高集成、高分配，主要面向的是中小企业和部门市场。这一系列的产品线也是封闭系统（操作系统为 i5/OS），随着发展，这部分的产品会慢慢变窄，并逐步被 P 系列产品所取代。

P 系列：P 系列服务器是 IBM Unix 和 Linux 服务器产品线的根基，也是 IBM 服务器产品最为丰富的一个系列，既有可配置 32 路处理器的 p690，也有中端和入门级产品，主要面向数据中心市场。从极小的 1 路或 2 路系统一直到多达 32 路的大型机系统，该系列产品在可伸缩性方面享有独特优势。这部分产品是开放式系统（操作系统为 AIX 和 Linux），竞争非常激烈。

X 系列：这是基于 Wintel 架构的服务器系列，服务于指定的不同用户群，相互之间没有关联。不过，管理员可以使用系统软件将这些母板集合成一个服务器集群。在集群模式下，所有的母板可以连接起来提供高速的网络环境，并同时共享资源，为相同的用户群服务。

经过数据分析，这些服务器加上操作系统等软件组成的工作平台，比单一硬件的总利润要高得多。除了 X 系列，其他产品都基于 IBM 自己研发出来的 Power 芯片，和 Intel、AMD 在微处理器市场两极争锋不同，Power 架构服务器占据了 2/3 的市场份额，占据绝对领导地位。与之相联系的，是跟服务器相连的存储设备的强大，这是 IBM 另外一个称雄的硬件主战场。2004 年 IBM 推出突破性的存储解决方案，结合先进的服务器技术，帮助企业更好地管理信息资产。全新的 System Storage DS6000 、DS8000 存储服务器应用业界最先进的 Power 微处理器技术，通过虚拟化功能实现跨服务器平台和应用的系统资源共享，极大提高了存储资源的利用率。

在服务器市场，IBM 多年来一直牢牢控制处理器（Power 芯片）和存储设备的研发与生产，由于这两个器件对技术和工艺的要求很高，目前 IBM 找不到可以承担这两种器件的硬件供应商。因此，在可预见的一段时间里，IBM 仍将是这两个元器件市场的统治者。

据市场调研机构 Gartner 的调查报告称，2008 年一季度全球服务器市场的收入从上年同期的 130 亿美元增到 133 亿美元，在全球前五大提供商中，按销售收入计算，IBM 的服务器份额为 29.4%，排名第一。按发货量计算，惠普保持第一，它的份额为 30.1%；IBM 仅居第三位，份额为 13.3%。调查公司表示，尽管 IBM 的发货量份额较低，但它的收入份额最高，这意味着它销售了较少的日用低端系统，销售了更多高端主机系统。

2008 年 4 月，IBM 合并 I 系列和 P 系列服务器的两条产品线。此次合并的主要原因之一就是这二者最初的硬件差别已经消失，现在都基于 Power 架构进行构造，产品都已经转移到了 IBM 最新的 Power 架构芯片之上。据称，IBM 将把现有的 System z 所采用的 z 架构芯片也通过 Power 架构来构造，以便实现 IBM 高端服务器芯片架构的统一。

此外，IBM 还推出了加强 Wintel 架构的刀片服务器和基于 AMD 内核的服务器，丰富了这方面的产品线。

全面复兴：软件集成

时间：1995～2002 年　关键人物：郭士纳

然而，这仅仅是郭士纳改革 IBM 短暂过渡的第二步（第一步是管理上的休克疗法）。郭士纳的第三步就打赌未来 IT 行业的发展趋势是互联网时代。正如我们惊叹于老沃森在 20 世纪 20 年代看到了商业计算的发展趋势而使 IBM 专注于制表机的超前洞察力一样，我们也不得不为郭士纳看到网络计算的发展趋势而折服。

郭士纳认为，PC 的独立计算随着技术的发展将让位于网络计算，新的计算模型意味着网络中的主干计算机需要承担繁重的计算和海量信息处理工作。这不是 PC 可以胜任的，只能交给大规模的计算系统，而这无疑是 IBM 的优势所在。对此有需求的是企业级用户，而不是个人和家庭，这就回到了 IBM 最擅长的客户战场。在网络计算时代，信息技术将成为一个技术密集和知识专业化的产业，一般的企业内部将不可能独立承担，业务外包将成为一个很自然的选择。因此，信息技术产业将变成以服务为主导的产业。这将开启一个新的电子商务的时代。企业需要高质量的 IT 服务，这本身就是 IBM 的一个优势阵地。

在前面硬件整体解决方案的阶段当中，IBM 已经初步完成了对硬件资源的整合，成为一个硬件集成提供商。而在 IBM 设想的未来服务中，包括三方面的内涵：硬件、软件和服务（这部分主要是业务外包和咨询）。

在 IBM 的以往业务架构中，也有软件和服务，但内涵却大相径庭：前者附庸于硬件之上，且完全不能和其他厂商的产品兼容，后者却仅仅局限于售后服务。

郭士纳打算从软件开始，完善 IBM 在未来服务产业的业务布局。

1995 年 1 月 10 日，IBM 正式宣布将以前各自独立的软件解决方案、个人软件产品和网络软件部门合并，组成独立的商务部门——IBM 软件集团。IBM 赋予它的使命是：提供最尖端的解决方案以推动电子商务的步伐。

吸取了在 OS/2 上的教训，软件集团成立后不久，IBM 前任董事长郭士纳与约翰·汤普森确定了软件集团的发展方向：专注于企业级软件市场，走向开放之路。

IBM 在软件上做的第一件事是向内部所有的关键性软件发动了一场规模宏大且持续数年的重写运动，一方面使这些软件能够实现网络化，另一方面使它们能够在 SUN 公司、惠普公司和微软公司以及其他公司的平台上工作。可以说，从建立的一开始，软件部门就瞄准了开放性和网络计算。中间件在电子计算机系统中的地位如图 5-10 所示。

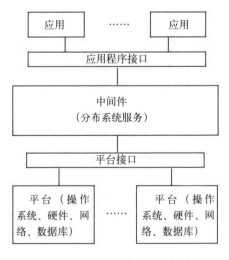

图 5-10 中间件在电子计算机系统中的地位

此外，IBM 还整合了自己的软件产品。在 IBM 软件集团成立后的两年中，当时的 IBM 软件掌门人托马森对管理系统进行了整合，将 IBM 原来的 60 多种软件品牌集中合并为 6 种，将全球 30 多个开发实验室削减为 8 个，开始把 IBM 几乎全部的资源都投入到互联网中间件和开放系统中，并雇用了大批软件销售人员。

1995 年，IBM 首次发布了基于非 IBM 平台（即能用于 SUN、Windows NT、HP 操作系统之上）的 DB2 数据库系统。DB2 这个 IBM 最早的软件产品线不再专属于 OS/390，IBM 吹响了开放的第一声号角。

1997 年，DB2 通用数据库第 5 版面世，这是业界第一个完全可升级的 Web 数据库管理系统，重要的是，它可以访问所有竞争对手数据库储存的数据——Oracle、微软和 Informix。短短的两年之间，DB2 已具备了开放的精神和物质条件。

整合完内部软件部门，IBM 要做的第二件事就是整合外部的软件资源。这大体上可分为三个阶段。

第一个阶段是 IBM 的大量购并，完善了软件的产品线，完成在中间件的市场战略布局，主要的几次收购如下。

1995 年收购 Lotus。次年，Lotus 发布 Domino。Lotus 公司是在个人应用和流程管理领域技术领先的公司，基于网络系统开发出各种灵活的应用是 Lotus 的优势，并且基于 Lotus 软件，该公司已经开发出上千种不同的应用软件，并集聚了大量流程软件开发的人才。

1996 年收购 Tivoli。次年，Tivoli 增长达到 2 100%。Tivoli 主要在金融行业有影响力。IBM 认为，利用 Tivoli 技术的影响力以及 Lotus 的灵活性，IBM 可以在金融行业的中间件系统中具有绝对影响力。

2001 年 1 月，IBM 用 10 亿美元的现金购买 Informix 的数据库资产。除了增强 DB2 的性能，更重要的是让用户有两种不同的数据库选择，这样在面对甲骨文和微软时，IBM 就有了更多争取客户的可能。

2002 年收购 Rational。Rational 是一种流水线式的开发工具。IBM 希望在 DB2、Lotus、Tivoli、WebSphere 等不同业务环节达到协同一致，构成网络式计算的软件模块。

从建立软件部的 1995～2005 年 10 年间，IBM 完成了近 50 个并购，充分利用外面资源加快在软件行业的整合和扩张，完成了针对竞争对手的战略布局：比如 Lotus 是针对微软的，Tivoli 针对 CA，Informix 加强 DB2 以针对 Oracle，IBM 自己开发的 WebSphere 加上 Apache 服务器直接和 BEA 相对。

在并购后，IBM 都经过耐心的人员整合和技术整合，使得这些软件产品在 IBM 的平台上得到更大的发展。以 Tivoli 为例，在未被 IBM 收购前的 1996 年，销售收入为 5 000 万美元，影响力主要在金融行业。IBM 花费了 2 亿美元，超过 1 000 名营销工程师的代价，收购了 Tivoli 并将其技术优势延伸到其他行业。2004 年，Tivoli 的业务规模已经超过 10 亿美元，在不到 10 年的时间里翻了 20 倍。IBM 同时保留了这些软件原有的销售团队，以延续原有的客户资源。当遇到技术问题时，也是找各自不同的技术部门寻求产品支持。在产品式销售体系中，IBM 软件对不同产品线提供单独的支持，保持了市场和技术的专业性。

在完成这些并购之后，加上本身开发的 DB2、WebSphere，IBM 形成了五大软件产品：DB2、Lotus、Tivoli、WebSphere、Rational。阵容空前完整，而且包含了数据库、BI 工具、基础设施平台等多个部分。IBM 软件集团的五个事业部几乎可以为用户搭建起完整的电子商务基础设施平台，配以 Linux 的穿针引线，辅之与硬件、服务等业务的整合，IBM 的软件已经在企业级平台形成了巨大的整合之网。

在频繁的并购整合中，IBM 尽量保持其原有销售团队的完整性，以减少客户资源流失的概率。这意味着除 DB2 和 WebSphere 是来自 IBM 本身的销售团队，其他的 Lotus、Tivoli、Informix 等都有各自的销售团队，当遇到技术问题时，也是找各自不同的技术部门寻求产品支持。

第二个阶段是对这些软件进行横向的初步整合，为客户提供综合的产品线。IBM 经过调研，结果显示，欧洲的商业用户非单一采购的年采购总额已高达 70 亿美元，超过 IT 采购的 70%，美国市场这一比例是 62%，日本 51%，中国商用市场的非单一 IT 采购比例也达到了 42%。IBM 开始为客户提供非单一化的软件采购。

第三个阶段是软件解决方案提供商。IBM 选择了 12 个行业作为重点投入资源的客户群，针对这 12 个行业市场，一共制定了 62 个行业性解决方案。同时，加强了与 ISV（独立软件供应商）和经销商的合作。ISV 提出明确的定位，IBM 帮助 ISV 找到真正的盈利点。在整体解决方案提供商角色转变中，IBM 帮助小的 ISV/SI（软件集成商）深入到二级渠道。在新的渠道策略中，那些原有 IBM 软件产品经销商的角色是增值伙伴（VAD），数量也由原来的 50 多家减至 12 家。在新的销售体制下，VAD 不再销售产品，而是向二级伙伴或者某地区市场销售解决方案。在盈利模式上，IBM 与合作伙伴的利益共享，是基于 DB2、Lotus 和 Rational 综合性解决方案的合作。IBM 在 ISV 的利润主要来自 DB2、Lotus 和 Rational 等软件技术许可费用，而 ISV 基于 IBM 技术开发出新的应用所获得的市场利润，完全被 ISV 所独立占有。IBM 的策略，是使 ISV 在技术发展方向中更多走上 IBM 的技术轨道，和 ISV 一起与微软和甲骨文对抗。

在软件集团不断成长的过程中，IBM 渐渐完成了从硬件整体解决方案提供商到软件整体解决方案提供商的转变。ISV 是直接面对客户的，IBM 和它们联合组成了向客户销售的整体，为他们提供 IBM 的中间件产品；在为客户提供软件整体解决方案的同时，IBM 带动了在硬件方面的销售。IBM 开始实现了在软件方面的集成（见图 5-11）。

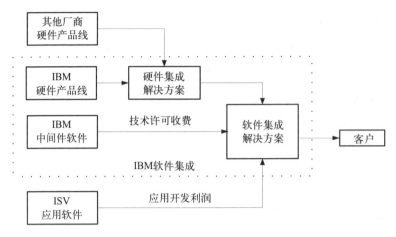

图 5-11   IBM 软件集成

应该说，IBM 能够完成从硬件集成向软件集成的转化，很大的程度上要归功于 Java 和 Linux。

1995 年，Java 的出现创造了一个虚拟机层，将硬件平台的细节完全封装，向上提供了一个完全面向对象的、拥有巨大线性地址空间的虚拟机。而早在 20 世纪 70 年代，IBM 就已经在自己的大型机中大量采用了虚拟机的技术。因此，Java 一出现，IBM 立刻敏锐地发现它的主要应用领域是在大型企业级服务器市场。到 1998 年 J2EE 面世，并全力进军大型企业应用系统开发领域的时候，IBM 的中间件产品线布局已初见规模和成效，恭候多时了。

Linux 对于 IBM 至少有两方面的意义：首先，Linux 在系统软件操作平台上有很大的技术优势，又有全世界最杰出的软件工程师为其开发，对于沟通 IBM 以五大软件产品为主线的软件家庭提供了很好的交流平台。事实上，Linux 在 IBM 后来软件整合中扮演了极其重要的角色。其次，由于 Linux 是开源软件，成本比较低廉，IBM 因此能够以其为基础，开发出面向中小企业的较为低廉的产品，这为 IBM 争夺中小企业市场立下了汗马功劳。当然，对中小企业，IBM 也采取了与大型企业不同的盈利模式，真正做到了"按需付费"。例如，专门对中小企业推出各项专业服务卡系列，每张卡 200 美元，持卡者可到 IBM 服务点求助 5 次；应急卡，每台电脑付 25 美元，一次至少购买 5 张卡，客户遇有紧急情况造成信息处理中断，IBM 即刻空运一台新电脑，或就近在 IBM 办事处利用其设备；为小企业举办网上培训与咨询学习班。

　　IBM 对开源软件的支持是不遗余力的。除了提供资金支持，1998 年，IBM 还把价值数千万美元的 Visual Age for Java 捐赠给开源组织。此外，IBM 还建立了 DeveloperWorks，这是 IBM 为开发人员提供众多工具、代码和培训的一个资源站点，其中的技术信息覆盖了 IBM 各条产品线以及开放标准技术，包括 Java、Linux、Grid、Autonomic、XML、Web 服务、无线等新兴技术，开发人员可以更好地利用 IBM 软件开发平台的全部优势。

　　确切地说，在郭士纳时代，IBM 的软件只是形成了比较完善的产品线，并没有形成横向整合的合力。上文讲的第二和第三个阶段更多发生在彭明盛时代，但无疑是郭士纳打下了软件的基础并规划出了 IBM 最终转型服务的蓝图。

　　从硬件整体解决方案到软件整体解决方案再到服务整体解决方案，郭士纳的思路明晰而可操作，他完成了前面两步，把最后一步交给了他的继任者——彭明盛。

全球整合：知识集成

　　时间：2003 年至今　关键人物：彭明盛
　　IBM 的服务从 2002 年收购专业著名会计公司普华永道的咨询部门引

向深入。在此之前，IBM 也有咨询项目，并且已经在金融行业有了巨大的优势，但并没有成为集团业务的战略重点。收购普华永道之后，IBM 汽车、零售业、媒体和娱乐业也有了自己的专家。同样在 2002 年，IBM 投入了高达 100 亿美元的研发费用，为咨询服务提供必要的技术基础设施平台。

随着 IT 行业的发展引向深入，服务的重要性也得到越来越多企业的共识，并因此形成了所谓的 SOA（面向服务的架构）。SOA 的概念简单而令人震撼。它的基本构想是，为了满足当前及计划中的业务需要，企业可以把各种应用软件程序和硬件设备转变成一个个模块，这些模块可以像积木进行无限的排列组合，且可以快速部署。在应对需求变化时，企业只需要调整相应部分即可。

IBM 商业价值研究院一项名为《SOA 的商业价值》的报告显示：目前，约有 97% 的客户认为 SOA 项目可以降低成本和提高收益。在初期项目完成后，约有 51% 的客户看到了 SOA 所带来的收入增长。而 Wintergreen 在 2006 年 7 月的调查显示，2005 年 SOA 市场规模达 4.5 亿美元，至 2012 年，该市场规模将达 184 亿美元。同时 IDC2006 年 4 月预测，全球在基于 SOA 的外包服务方面的开支 2006 年将达到 86 亿美元，与 2005 年的 36 亿美元开支相比增长了 138%。截至 2010 年，全球基于 SOA 的服务开支预期高达 338 亿美元。IBM 的 SOA（以中石油为例）如图 5-12 所示。

在 SOA 领域，IBM 无疑拥有最强大的专家团队和产品支持。目前，IBM 拥有 6 700 多名 SOA 开发人员，90 000 多名 SOA 专业服务人员，69 种 SOA 参考模型架构，能够为客户提供包括中间件、业务咨询、IT 服务、调研，以及 SOA 优化设计的硬件。IBM 的全球服务部门按照不同行业和不同专业为客户提供了面向电子商务的整套咨询服务。其中，IBM 本身的硬件业务、软件业务和 IBM 多年积累起来对信息化的理解、对全球整合的经验都构成了 IBM 相对竞争对手的优势。

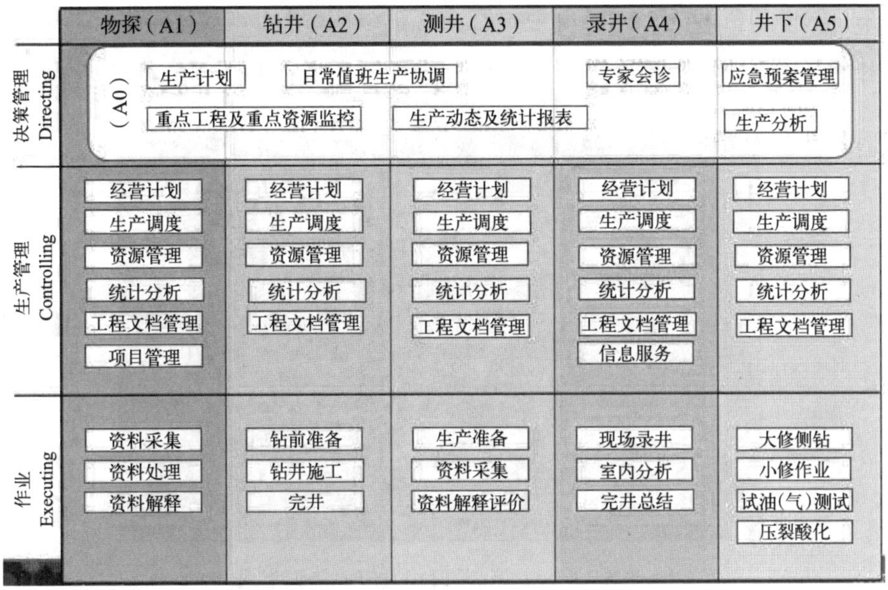

	物探（A1）	钻井（A2）	测井（A3）	录井（A4）	井下（A5）
决策管理 Directing（A0）	生产计划 重点工程及重点资源监控	日常值班生产协调 生产动态及统计报表		专家会诊	应急预案管理 生产分析
生产管理 Controlling	经营计划 生产调度 资源管理 统计分析 工程文档管理 项目管理	经营计划 生产调度 资源管理 统计分析 工程文档管理	经营计划 生产调度 资源管理 统计分析 工程文档管理	经营计划 生产调度 资源管理 统计分析 工程文档管理 信息服务	经营计划 生产调度 资源管理 统计分析 工程文档管理
作业 Executing	资料采集 资料处理 资料解释	钻前准备 钻井施工 完井	生产准备 资料采集 资料解释评价	现场录井 室内分析 完井总结	大修侧钻 小修作业 试油（气）测试 压裂酸化

图 5-12　IBM 的 SOA：中石油范例

资料来源：《与中石油分享 SOA 成功实践》。

在以服务为主导的模式下，IBM 的每个销售团队都最少拥有 4 个人：一个销售人员、一个服务人员、一个软件人员、一个研究人员。IBM 内称之为"四合一"。这个团队将全程跟踪客户的整个服务项目过程（包括计划、建设、管理和运营），随着项目的推进，客户的需求也将不断地释放，从开始的咨询、硬件，到系统软件（即中间件）、应用软件（主要是合作伙伴的，也有一小部分是自己的），再到最高一层的业务，IBM 在跟踪整个服务项目的同时，为客户提供了涵盖硬件、软件和服务的立体化、全方位服务（见图 5-13）。有了以服务为龙头，在硬件集成和软件集成的基础上，IBM 实现了知识集成（见图 5-14）。IBM 为客户提供武器库里所有兵器（包括咨询、硬件、软件和运营业务等）整合在一起的整体解决方案。按照客户需求，IBM 把这些兵器选择、组合和优化到一起，直接解答客户在不同项目阶段的不同难题。这个解答基于 IBM 上百年的知识积累，硬件、软件和咨询等至此已成为解答的有机组成部分，它们作为一个整体而出现，客户已经很难再泾渭分明地分离它们，事实上，也已经没必要。

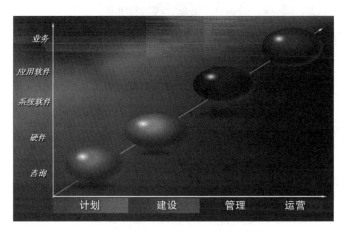

图 5-13　与项目阶段相适应的知识集成

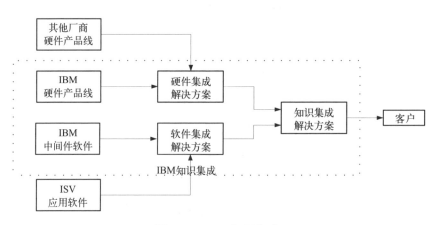

图 5-14　IBM 知识集成

以往的很多技术优势也被 IBM 转换成现金流，作为集中于全球服务的资金来源。众所周知，IBM 的专利申请数量从 20 世纪 80 年代开始就一直独占鳌头，IBM 一家的专利申请超过了其他企业专利申请的数量总和。和以前控制专利不同，IBM 把非核心的专利授权许可出去，在知识产权许可证上就收获了 10 多亿美元的利润。

彭明盛对郭士纳留下来的 IBM 改变最大的地方就是对内部架构按照全球整合的思想做了巨大的调整。

IBM 的组织结构在最早期是典型的垂直决策，从而形成了层级分明的官僚制度。应该说，在质量和技术至上、服务高端客户的大型机时代，这样的组织结构便于形成高质量的决策，也有利于动用较大的技术力量和销售力量，对形成 IBM 的早期统治地位功不可没。但是，在速度和价格制胜的 PC 时代，这种组织结构就不合时宜了，它阻碍了 IBM 的发展，并最终导致了 20 世纪 90 年代初的溃败。郭士纳入主 IBM 后，减少了等级的层级，开始采取事业部制，在各地设立了分公司，每个分公司都是独立的财务核算单位，都是一个个小 IBM，麻雀虽小五脏俱全，采购、研发、人力资源、营销等一体化并存。彭明盛认为这样的结构并不能最好地利用好全球的优势资源，因此启动了称为"全球整合战略"的改革。

经过整合之后，采购从 300 个缩减成 3 个，总部在深圳，营销从数以百计的独立计划整合成一个统一的全球框架，155 个数据中心缩减为 10 个，16 000 个 IT 应用缩减为 4 757 个，网络也从各自为政的 31 个变为全球统一一个。

当地人才的情况是 IBM 全球整合的主要依据之一。放在深圳的采购中心，放在马来西亚的会计中心，放在菲律宾的人力资源中心，放在印度和俄罗斯的研究基地，无不都是这样考量的结果。而网络的统一，给各个地方的同事合作提供了极大的便利。这个国家的员工下班了，可以把任务按照标准化的流程传给另外一个国家还没下班的同事。每个国家每个分公司都有下班睡觉的时候，但任务一直在流转，减少的是时间和成本，提高的是效率和收益。

在没有整合之前，IBM 的内部是一个小模块，第一层次是分公司，都是一个相对独立的模块，其接口是其他分公司和总部。第二层次是分公司内部的各个职能部门：采购、营销、人力资源等。这些部门的接口是总部的相应部门和相互之间。整合之后，所有采购的模块都融合到了一起，所以人力资源的模块也都融合到了一起，这就变成了大的模块，只剩下一个层次，减少了很多模块，降低了模块之间交流信息的沟通成本。与之相对应的，是一个反应更为灵活敏捷的IBM。

在新的知识集成模式下，每个员工都要在产品、职能、行业及区域四个方向上与他人互动，同时业绩也由四个方向的"老板"评估。因此，IBM可以按照项目的需要，把这些员工按照金属玻璃一样的方式组合，适应项目的要求，而项目结束之后又可以随意地打散，IBM内部组织结构的柔性达到了一个新的水平。

至此，IBM对外完成了对客户业务的整合——以服务为龙头，实现在硬件集成和软件集成基础上的知识集成；对内，则完成了组织结构的全球整合，在全球范围内实现了资源利用最优化。后者的经验又成为一种服务经验的实践，提炼成正成为IBM下一步提供给客户的一种新服务。

IBM不同时期的盈利模式见表15-1。

表 5-1　IBM不同时期盈利模式

时期	销售方式	成本支出
制表机	机器租赁，销售打孔卡片	研发，生产费用
大型机前期	业务代表直销，租赁	研发，生产费用
大型机后期	业务代表直销，整体销售，零部件局部升级	研发，生产费用
PC	经销商整体销售	各种元件供货成本，研发、组装费用
硬件集成	整体解决方案销售	研发生产费用，购买其他厂商设备费用
软件集成	整体解决方案销售；对ISV的软件技术许可，新应用利润由ISV独享	软件升级开发，方案设计
服务	方案销售，多年服务流支出，多年现金流收入	方案设计

也许，图5-15可以让我们看得更清楚：从1992年开始，IBM在硬件方面的收入占比在逐渐下降，与此同时服务的收入在不断地上升。软件的收入占比虽然变化不大，但是考虑到IBM收入的增长，这部分也在稳步地提升。

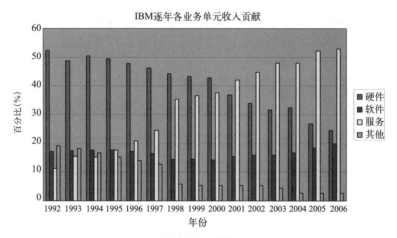

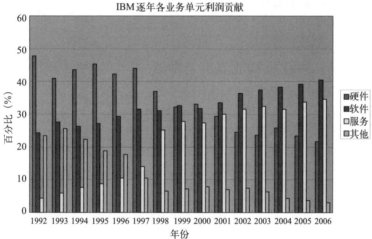

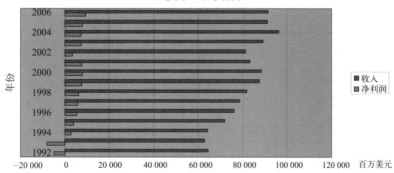

图 5-15　IBM 业绩表现

假如看利润的贡献则更为明显。硬件从 1992 年超过一半的利润贡献降低到 2006 年的仅 20% 多一些；与此形成鲜明对比的是，服务和软件（这得益于该业务单元常年 65% 以上的毛利润率水平）的利润贡献在不断地提升。2001 年，也就是郭士纳从 IBM 退休的前夕，硬件的利润贡献首次降到了第三的位置，这种趋势一直延续到现在。

从 2002 年到 2006 年 5 年间，IBM 的年收入只涨了 12%（从 810 亿美元到 910 亿美元），而利润却涨了 1.6 倍（从 36 亿美元到 95 亿美元）。郭士纳说过：谁说大象不能跳舞？而今，到了彭明盛时代，这头大象不但能够跳舞，而且开始举重若轻，跳起了快舞步。

IBM 启示录：进化重构成就不老神话

IBM 的历史之所以值得玩味，不只是因为它是整个电子计算机行业发展史的缩影，而且是因为它经历了兴盛、衰败又重新崛起的过程。

整个电子计算机行业经历了从合到分又重新到合的过程：在早期的大型机时代，电子计算机的硬件和软件（作为硬件的附庸）是作为一个整体出现的，每台机器都是一个完全独立的个体，和其他机器完全不能兼容；以 360 为标志，电子计算机从 IBM 内部开始实现局部的兼容，到 PC 时代，走向全面兼容的标准；但随着零部件供应商的纷繁复杂，电子计算机在网络时代实现了更高层次的融合，这主要体现在软件——操作系统、中间件和服务，以及企业的业务流程外包、IT 等咨询业务。

市场也同样实现了从合到分又重新到合的历程：早期大型机，主要是市场细分，IBM 作为主导的电脑制造商也只是在产品的推出上先人一步，并在质量和服务上高人一等，按照定位的不同，主要的电脑制造商都有属于自己的细分市场；360 作为超越时代的兼容大型机，使 IBM 第一次有了全面领先对手的技术和硬件架构，这种兼容和开放的理念让 IBM 享受了 25 年的黄金时代（从 360 时代到前 PC 时代）；然而，兼容和开放是一把双刃剑，IBM 并没有控制住属于制高点的操作系统和微处理器，这直接导致了 IBM 的衰落；IBM 在 20 世纪 90 年代的全面复兴得益于对网络时代的准确判断和对中间件制高点的抢占，最后以服务统领 IBM 的全部业务则体现了 IBM 对之前经验积累的合理运用和对客户整体服务需求的判断。

应该说，在这个过程中，涌现出了很多优秀的企业，比如抢占操作系统制高点的微软，控制微处理器市场的英特尔，以整合零部件资源组装兼容机的戴尔、康柏等，它们的成功建立在技术和市场发生变化的转折点。每一个转折点，本身就是新兴企业的机遇，也是传统企业的挑战。这些企业的优秀在于抓住了这些机遇，成就了自己的传奇。

而 IBM 能够在不同阶段都引领技术和市场的潮流同样值得我们钦佩：对商业计算时代到来的判断使老沃森聚焦于代表未来的制表机，并用租赁和绑定打孔卡片这种先进的商业模式奠定了 IBM 的市场统治地位；在窥见电子计算机时代到来并用 1400 等大型机抢占先机之后，IBM 主动求变，推出 360 主机，初步走向兼容，取得了大型机时代的绝对竞争优势；PC 时代在苹果之后后发制人，推出最成功的兼容机，并实现全面的开放性；在 PC 业务失去市场统治地位之后，在业务分化的 20 世纪 90 年代初，IBM 能够从中看到统一三大业务和眼花缭乱的 IT 厂商的网络计算，构筑了有竞争力的三大核心业务——硬件、软件和服务，在完善业务的同时，在不同阶段分别以硬件、软件和服务为箭头，其他两个为附庸或者为两翼参与市场竞争，把自己的传统劣势（臃肿的人员构成和管理模式）转变成新生的竞争优势（经验积累，业务的深刻理解），在更高层面上建构了自己新的市场地位。领先，被挑战，调整，再次领先，周而复始，IBM 以这样一种方式成就了长生的神话。

随着商业世界的发展，电子计算机行业已经从早期只有 IBM 等几个经济生物体（基本属于同一物种）的小环境进化成一个有着多种经济物种的生态圈：微软和英特尔在关键的环节上实现了垄断和控制；戴尔和康柏等组装商作为资源整合者，实现了零散资源的高效利用；IBM 发展了知识和经验密集的服务业务，成为这一细分市场的佼佼者。前两者作为后来者，充分利用了行业和市场裂变的机遇；IBM 则在迎接这种技术和市场变革挑战的过程当中，在自己原有技术和知识的基础上，在更高层面上构筑了新的竞争优势。它们是属于同一个生态圈的不同经济物种，属于占据不同生物链环节的主动生存者。它们的共生共存共长，证明了即使在同个行业，也可以有不同类型的优秀的商业模式存在。而贯穿整个行业历史的 IBM，以它多次重构经历写就的进化史诗，给我们以无穷的借鉴意义。

第 6 章

波音：从集中控制到协调合作

为什么重构

波音为何要重构它的商业模式，要从它与空中客车的竞争说起。"飞机制造公司"竞争的关键，是如何从客户手里获得更多的订单，这也很大程度上取决于如何开发新机型。

"空中客车"2000 年投资上百亿欧元、启动 A380 项目后，市场份额快速上升，2003 年，在全球 100 座级以上民用客机市场，交付量占 54%，订单数量占 52%，均超过曾经是市场老大的波音公司。

面对"空客 A380"对"波音 747"的挑战，波音 2003 年年底决定采用碳纤维合成材料，开发较小、较快、省油的远程民航飞机，就是被称作梦幻飞机的"波音 787"。

然而，开发新飞机失败的可能性很大，意味着巨大的财务风险。美国飞机制造商洛克希德的"三星客机"赔了 25 亿美元，几乎让该公司濒临破产，之后便退出民航市场。另外，燃油价格上涨，甚至恐怖袭击，都会导致飞机订单大幅变动，增加风险。"研发成本的投入几乎像风险投资一样，让人害怕。"波音民用飞机业务前总裁艾伦·穆拉利说。

为此，波音采取了全新的"商业模式"，就是改变和"利益相关者"（即供应商）之间的"交易结构"，不仅将开发和制造成本分摊给它在全球各地的供应商，同时这些供应商的深入参与，也有利于波音在它们所在的国家和地区获得飞机订单。

一架波音飞机，有数百万个零件，由全球 5 000 余家供应商提供。波音和它们是什么交易关系呢？

过去，波音的做法是"集中控制"——用一整套"技术标准"和"供应链管理规则"与供应商合作。在这种模式下，波音告诉"供应商"该怎么做，给出条条框框。为减少沟通环节上的误解，规则说明自然越清楚越好。比如"波音777"给"电子部件供应商"的规则说明书，就多达 2 500 页，其中对每个部件，都给出了精确的要求和详细说明。

这时，供应商是被动的，它们没有参与早期"设计"和"预生产"环节，只是按规格设计、生产，最后汇总到波音。波音则通过建造"木质飞机实装模型"，检验零部件是否能有效组装——假若有一个零部件出现不兼容问题，就必须重新设计生产。这中间的反馈过程之长，足以错过任何商机，也增加了成本。

事实上，"供应商"比波音更了解自己工厂如何生产最有效率，以及如何让自己生产的零部件更好地支持波音的整机制造。因此，"供应商"应该拥有一定的话语权。

现在，"波音公司"设计一套全新的商业模式，来开发"波音787"。就是让全球的"供应商"加入到开发过程中来，使最擅长做某一环节的公司负责该环节。

供应商参与飞机设计

首先，波音不再把所有技术都当成"绝密文件"，而是把"与供应商的协调合作"摆在第一位。除了部分非常尖端的技术外，波音对合作伙伴开放所有技术资料和数据。

为了和全球各地的合作伙伴即时、有效地沟通，波音和"达索系统公司"共同创造了一个名为"全球协作环境"的实时协作系统（该系统由波音负责维护），并要求所有合作伙伴都必须使用这个在线系统和"达索"的应用软件 Catia。

通过这个系统，团队中的成员可以在任意时间、地点，对设计图进行访问、检阅和修订。

为确保交流畅通无阻，没有时间滞延，波音在华盛顿的埃弗雷特工厂建造了十间"多媒体工作室"。

"波音 787"的设计，由日本、俄罗斯、意大利和美国的"设计伙伴"共同完成。他们会得到一份新机型的"主设计图"，图上注明相关设计要求。例如，什么地方应该焊接着陆装置，机翼"折叠"后有多大空间等。

在设计飞机之前，波音还会邀请"航空公司"客户（包括飞行员、乘务员等）提供相关数据，整理后转交给"设计伙伴"。

完工的设计，被保存在"达索系统公司"的另一系统 Enovia（这个系统也由波音负责维护）上。到了飞机部件生产之前，波音和合作伙伴们通过"全球协作环境"系统，能轻易地找到飞机组件与零部件之间的"冲突"。如果发现两个零部件装在同一处，或零部件之间不匹配，电脑屏幕就会显示红色斑点，加以警示。在进行大规模生产之前，波音可以很方便地解决兼容性问题。

这使波音制定的条条框框大幅简化。"波音 787"给"电子部件供应商"的规则说明书只有 20 页，与"波音 777"的 2 500 页说明书相比，无疑是一个质的飞跃。

供应商模块化，波音总装

过去，供应商将零部件运到工厂，由波音装配。

现在，波音要求它的一级供应商，从二级和三级供应商处取得零件，先通过一个"计算机模型"进行"虚拟装配"，最终再组装成"模块化"的机体部分。

按价值来算，"波音 787"的数百万个零部件中，波音自身只负责生产大约 10%——"尾翼"和"最后组装"。其余的生产，由全球的"合作伙伴"完成，涉及美国、日本、法国、英国、意大利、瑞典、加拿大、韩国、澳大利亚、中国等多个国家和地区的供应商。其中，"机翼"及部分"机身"在日本生产，占整机工作量的 35%，主要生产厂家有三菱重工、川崎重工及富士重工等。

意大利"阿莱尼亚飞机公司"承担了"中央机身"和"水平安定面"等部件的制造任务（约占 14%），这也是意大利有史以来工作份额最大的民用喷气机项目。

美国"沃特飞机工业公司"作为波音的长期合作伙伴，负责机身两大部分的制造，并与意大利"阿莱尼亚飞机公司"合作，负责将自己和意大利生产的零部件加以组装。

法国供应商承担的制造任务，包括起落架结构、机载娱乐系统、电刹车、客舱门等。

中国供应商则负责方向舵、垂直尾翼前缘、翼身整流罩面板、垂直尾翼零部件生产。

为了运送这些"模块化"的机体部分，波音改造了 3 架 747 客机，使其能运送这些"模块"。波音称之为"梦幻运输机"。

最后，各个模块被装进"梦幻运输机"，运送到波音在华盛顿的埃弗雷特工厂。在那里，波音员工将完成最后一道工序——组装成总机。

采用"模块化生产"后，"波音 787"的组装周期只有 3 天，比"波音 777"的 13～17 天，足足缩短了近两个星期。

供应商为什么愿意为波音承担风险？

"我们预先承担了许多一次性费用。"美国沃特飞机工业公司全球供应部门主任帕特·拉塞尔说。自 1968 年起，"沃特"就为波音供应民航客机部件，现在是波音在设计、建造、装配方面的主要合作伙伴。

在接到波音的偿还之前，"沃特"已经为波音 787 投入了 5.33 亿美元。

尽管"波音 787"的订购数量巨大，"沃特"仍在很长一段时间里不能确定其盈利情况。这种情况，在"波音 787"的合作伙伴中非常普遍。"没有人敢担保，所有人都在埋怨。"美国著名咨询公司 Bearing Point 高级航空业顾问吉姆·沃杰赫斯基说。

但是，许多供应商最后接受了"波音 787"的商业模式，而不是错过这个重大项目。"要进入这样一个项目，你只有这一扇窗户。"沃杰赫斯基说，"而在这样一个项目中，当你签署了合同，你就是在进行一次豪赌。"

拉塞尔也说："波音想要做的事，将给业界树立一个标准。我们不能像过去那样行事，技术的变化很快，我们必须得更快地进入市场，否则，其他公司将会抢在我们前面。"

同时，"供应商"和"波音"都在努力掌握"波音 787 项目"所需要的合作方式。

在参与过去的波音项目时，沃特的工程师只在移交"设计图样"时，才与其他"供应商"的工程师紧密合作。现在则必须在材料、设计、压力测试和其他流程等各方面紧密合作，提高"沟通技巧"和建立"交际网"变得更加重要。

"我们已经不仅仅是在搞设计了。"拉塞尔说。

资料显示，"沃特"2008 年已从波音获得 1.2 亿美元补偿。

波音转换角色

通过引入"供应商"介入"前期设计"和"预制造"环节，波音将大部分"协调合作"环节放在"总机组装"之前，让"供应商"共担风险。

这样，"外部供应商"在一定程度上，变成了介于"外部利益相关者"和"内部利益相关者"之间的"拟内部利益相关者"。以前的"集中控制"，现在变成"协调合作"和"松散管理"。

"波音 787"项目的负责人迈克·拜尔（Mike Bair）说："我们将要进行与以往不同的管理，一旦开始一个计划，我们需要做的是寻找合作者，接着，真正的挑战是退居幕后，让每一个人做他们自己的工作。"

效果很明显：2005 年，波音获得了 354 份订单。这也是 2000 年以来，波音首次在新飞机订单上超过空中客车。截至 2009 年 7 月，波音已收到 896 架"波音 787"飞机的订单，而年初"空客 A380"订单量还在 200 架次左右。

纵观波音公司的整个发展历程，本身就是一个不断重构的过程。

最开始，波音通过"垂直一体化"的方式生产飞机，从设计、零部件制造到总机组装，绝大部分工作都由波音独立完成。

到了中期，波音开始把一些不重要、替代性强的零部件交给供应商去做。在这个阶段，波音慢慢将自己局部解放出来，把更大的精力放在"整机设计"和"关键环节的控制"上，自己担任一个"中央集权"的角色。

后期，波音将自己从"集权者"的角色中释放出来，让"供应商"在一个平台上相互交流和协作，自己则承担起"平台的维护者、监督者、推动者和支持者"的角色。

假如用图形来表示其交易结构，第一阶段的波音是"线型结构"；第二阶段是"星型结构"，波音处于结构中心；第三阶段则是分布式交流协作的"网状结构"。

大趋势就是"硬性控制力"越来越弱，但"软性控制力"越来越强，效率也越来越高。

第 7 章

VISA 国际：重构信用卡商业模式

——

开放式信用卡的商业模式，曾经历过"美国银行"一次失败摸索，之后建立了今天维萨（VISA）的商业模式。在 2007 年，维萨又成功从一个"非营利信用卡组织"，改组为公司，2008 年年初成功在纽约交易所上市。

VISA 的案例启发我们，可以用一种超越企业形式的思维，去创建全新的"商业模式"。

信用卡典型的商业模式

让我们先了解一下信用卡典型的商业模式。

假如你是一家银行，要发信用卡，首先要向"足够多的消费者"发放信用卡，而消费者拿着这个信用卡，可以在"足够多的商家"那里消费，然后再还钱给你。一般信用卡业务系统如图 7-1 所示。

所以，必须要有足够多的"消费者"和"商家"都愿意使用和接受你的"信用卡"，这个"信用卡系统"才对双方都有吸引力。而要实现这一点，仅仅靠一家银行，几乎是不可能做到的。

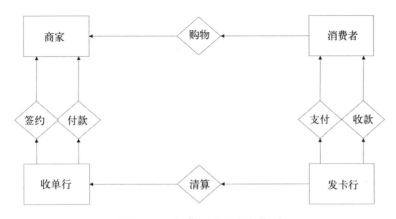

图 7-1　一般信用卡业务系统图

如果多家银行一起来做，参与其间的银行，可能要同时扮演两种角色：一是要向消费者发放信用卡，这时是"发卡行"；二是要和商家签约收单，被称作"收单行"。

在一笔交易中，作为"发卡行"，在消费者购物后，向消费者收取货款和利息；作为"收单行"，要替消费者付货款给商家（并收取一定比例的费用，作为银行承担信用风险的收入）。

然后"发卡行"向"收单行"付款清算，并按协议比例分享收入。

然而在发展初期，由于缺乏大型交易网络，如果"发卡行"和"收单行"不是同一家银行，就会有银行之间清算的问题。

只有"发卡行"和"收单行"能方便地清算，才能让不同"发卡机构的持卡人"和"收单机构的签约商户"之间方便地进行交易。

这就需要一个大型的"银行间组织"。

美国银行建立的信用卡模式

1966 年，当时美国最大的商业银行——美国银行，在解决信用卡的问题上率先迈出一步。

美国银行使用"特许经营"的商业模式：向全国发放其信用卡品牌"美国银行卡"（BankAmericard）的"营业执照"。

在它的授权下，有意发展信用卡业务的银行，可以使用其品牌发行信用卡。同时，各授约银行的持卡人和签约商户互相承认。

这种模式，形成了第一个银行信用卡网络体系。

在这个模式中，美国银行是系统的支配者，拥有"信用卡系统的品牌"和"授权系统"的所有权。同时，对卡片发行、商户服务以及各种信用卡业务运营制定规则。

"被授权银行"分为 A 类和 B 类。其中，"A 类银行"可以代表美国银行，授权新的"B 类银行"。被授权的银行使用"美国银行卡"品牌，发行自己的信用卡。同时吸引商家购买其交易业务，使它们加入到信用卡系统中。

当时，这种"特许经营"的商业模式，及时解决了全国性网络缺乏的问题。很快，"美国银行卡系统"拥有了 200 家获得完整授权的"A 类银行"，近 2 500 家接受授权的"B 类银行"。

但很快问题就出现了。

首先，当时的大银行，如加州的富国银行和纽约的大通曼哈顿银行等，不愿意用美国银行的品牌发行信用卡。但是，像美国运通一样发展"封闭式卡系统"，又需要从头开始签约商户和发卡，太消耗资源。而且，在美国银行的信用卡模式里，它既是"品牌授权者"，又是"市场竞争者"，制定规则时难免从自身出发，导致其他银行不愿意遵从或无法遵从其规则。这也使得"被授权银行"不能适应当地市场需求，制定策略，不同银行间的信用卡同质化严重。美国银行信用卡业务系统如图 7-2 所示。

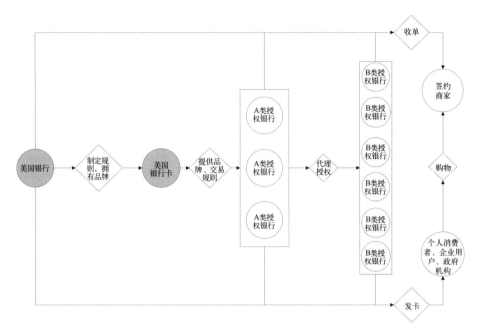

图 7-2　美国银行信用卡业务系统图

其次，当时的交易网络也比较原始，没有电子数据记录和电子清算系统。"发卡行"和"收单行"之间以手工和邮政系统方式清算。而美国银行又无法独力建立大型电子交易网络。

此外，由于美国银行的信用卡部门人力不足，不能很好地解决安全问题，伪卡、盗刷卡现象很多。

20 世纪 60 年代，当时最大的两个信用卡联盟——"美国银行卡"和 MasterCharge（万事达卡前身）总共贷出 26 亿美元，但由于操作失误、伪冒等带来的损失，高达几亿美元。

20 世纪 60 年代中后期，美国信用卡行业几乎走到了崩溃的边缘。

"维萨国际组织"诞生

1968 年，在美国银行和"被授权银行"的一次会议上，来自国家商业银行的副总裁迪·豪克认为，"支配-控制式业务系统"是产生问题和混乱的根源。

他提出对"美国银行卡"的业务系统进行重构，使用"分布式、自组织的业务系统"取代原来的模式（"自组织"即系统默契地根据某种规则，自动、协调地形成有序结构）。

最终，他说服了美国银行按全新的商业模式，重构原来的"美国银行卡系统"。重构的过程，中间经历了1970年成立的国民美国银行卡公司，到1976年成立"维萨国际组织"（VISA），原来的"签约银行"则以会员制的方式加入"维萨"。

新成立的"维萨国际组织"，是一个非股份制、非营利、由会员银行共同拥有的"会员制私有公司"。公司的所有权不能买卖、转让或被剥夺，是一个"竞争－合作式组织"。

"维萨国际组织"内部没有控制中心，而是设立多重董事会。董事会由来自不同区域"维萨组织"的董事组成，而"区域维萨组织"又由不同国家或团体的董事组成，分别负责不同地区或不同事务。不同的董事会之间，没有等级高低之分。经选举产生的董事，大多是主要会员银行的领导人。会员按承揽业务分为"发卡行"和"收单行"，不过大多数会员银行兼具两种身份。

"维萨国际组织"不直接涉及发卡或收单领域的业务，这些业务完全由会员银行从事，因此，它和会员之间没有竞争关系。

此外，"维萨国际组织"拥有一个全球电子交易结算网络，它用一个精简的团队，只从事会员银行同意合作的那部分有限业务，如负责运营银行卡授权和清算系统、品牌推广、研究和开发等事项。VISA信用卡业务系统如图7-3所示。

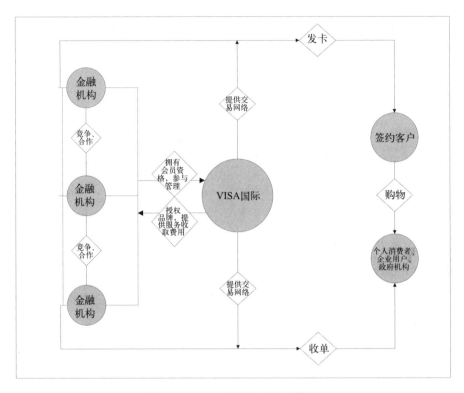

图 7-3　VISA 信用卡业务系统图

　　它不以营利为目的，也不向会员发放股利，而是将盈余全部投入网络建设、扩展和维护。

　　"维萨国际组织"将权利和功能进行最大限度的分配，实行分布式管理，为的是推进会员合作。

　　在这个业务系统中，各个区域性的公司具有高度自主权。"维萨国际组织"允许会员银行开发新产品和服务，并自行定价和促销。各会员银行既是争夺客户的竞争者，同时，为了使系统正常运作并具有规模效应，它们之间又必须合作。商家必须接受组织中任何一家银行或发卡商的卡。

　　这种业务系统使"竞争与合作"和谐统一，各会员银行以一种"自组织"的方式，共存于维萨系统中。

在这种新的商业模式下，"维萨国际组织"全力构建这种模式所需要的"关键资源能力"：参与者、交易网络和品牌。

庞大的持卡人和签约商户数量，是"维萨国际组织"最大的吸引力。它在全球发行了 12 亿张维萨卡，拥有 3 000 多万签约商户。新加入的成员马上就能分享这些资源。

经过 20 年的维护，"维萨国际组织"的 VISANet 已经成了上接人造卫星、下通海底光缆的全球最大电子支付网络，能实现全天 24 小时实时联网服务，每秒能处理 8 000 宗交易，2 秒钟内核准一宗普通交易。由于会员共用一个专用的电子交易系统，维萨可集中资源建设该平台，大大提高了 VISANet 的安全性。

"维萨国际组织"还投入巨大资源进行"品牌"塑造。通过赞助奥运会、FIFA（国际足联）等国际体育赛事，成功打造了世界驰名"支付通行证"的品牌形象。在消费者心目中，拥有了"维萨卡"，就拥有了最可靠、便利的消费保证。

多方共赢的交易结构

"维萨国际组织"的盈利来自两部分：会员入会费和交易分成。

例如，一个拥有 8 万个账户、45 亿美元资产的中等规模发卡机构，加入"维萨国际组织"后，前 5 年内需要支付约 150 万美元的会员费。

在每笔成功的交易中，整个信用卡系统收取 3%～5% 的"交易费用"，而维萨一般按 10% 的比例分享收入。

重构以后，"维萨国际组织"进入高速发展阶段，每年以 20%～50% 的年增长率迅速发展。2010 年前后，它每年的全球交易总额已超过 4 万亿美元，占全球所有支付卡品牌交易总额的 60%。

在这一结构中，各"利益相关者"都从中获得了巨大收益。

有意从事信用卡业务的金融机构，只要加入维萨国际组织，就能立即分享全球数量巨大的 ATM 自动提款机、签约商户和持卡人，迅速开展自己的信用卡业务。

消费者持有一张维萨信用卡，可在全球通行无阻地消费、贷款，还有更多的信用卡产品可供选择。

商家和"维萨国际组织"授权的金融机构签约，就能接受全球 12 亿张维萨信用卡。

而原来的品牌授权者——美国银行，从这个扩大的市场中所获得的收益，远远超过之前的"授权收入"。

"维萨国际组织"从 2006 年开始进行全方位改组，重组成一个由 Visa 会员所拥有的新的股份制公司 Visa Inc.。各银行会员按各自的"业务量"进行折算，最终确定入股比例。

2008 年年初，受次贷危机影响，美国金融界愁云惨淡。而在 3 月 19 日，纽约证券交易所却见证了美国有史以来最大的一起 IPO（首次公开发行股票），融资额达 179 亿美元，超过了 2008 年前 3 个月 133 家在美国进行 IPO 的公司融资总额（160 亿美元），几乎等于美国历史上最大两笔 IPO（AT&T106 亿美元和卡夫食品 87 亿美元）规模之和。

这次 IPO 的主角就是维萨。

第 8 章

BP：乱世重构，重整天下

———

经济危机不全是坏事，行业危机也不全是！恰恰是一个商业模式重构的机会！如果你没赶上新兴行业的上市热潮，没关系，大多数行业都要经过起步、规模化、产能过剩后的普遍困境、整合四大阶段。而资本市场的追捧，往往又会加速一个行业的产能过剩，使之更早陷入困境。此时便可以后发制人，重构商业模式，整合产业链，实现大乱后的大治。"BP 太阳能"在光伏行业陷入低迷之时，重构商业模式、迅速发展！

繁荣后的危机

太阳能和风能、核能并称为三大新能源，近些年来发展迅猛，直接催生了二十几家明星上市公司。赛维 LDK、无锡尚德、天威英利等都是其中的佼佼者，特别是无锡尚德。

然而，2008 年第四财季，无锡尚德亏损 6 590 万美元，合每股亏损 42 美分，如果扣除一次性项目不计，第四财季亏损 4 240 万美元，合每股亏损 27 美分。而早在 2008 年 1 月，尚德公司还表示，出于经济环境疲软的考虑，公司已在 2007 年第四财季裁员 800 人，约占员工总数的 8%，并推后数个光伏项目的上马。大企业尚且如此，小企业的困境自然可想而知。据不完全统计，在金融危机的风雨飘摇中，国内有 80% 的太阳能企业倒闭。

为什么在短短一年之间，整个行业的状况急转直下？我们沿着太阳能行业发展的历史走回去看看这一切是如何发生的。

太阳能光伏产业价值链可以分解为多晶硅生产（将硅料通过提纯和精炼加工成晶体硅）、单晶拉制 / 多晶铸锭、切片、电池片（硅片通过半导体加工工艺变成电池）、电池组件（将电池连接并封装形成组件）、系统集成等多个环节，不同环节投资规模和利润率并不平均。

当前主流晶硅太阳能光伏产业价值链见图 8-1。

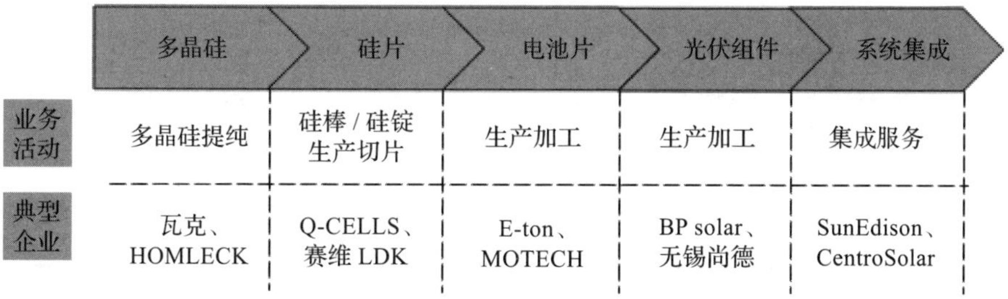

	多晶硅	硅片	电池片	光伏组件	系统集成
业务活动	多晶硅提纯	硅棒 / 硅锭生产切片	生产加工	生产加工	集成服务
典型企业	瓦克、HOMLECK	Q-CELLS、赛维 LDK	E-ton、MOTECH	BP solar、无锡尚德	SunEdison、CentroSolar

图 8-1　太阳能光伏产业价值链

相应的光伏产业链各企业分别或同时从事原材料的加工、中间产品的加工制造与集成服务。目前行业内主要有产业链垂直一体化和专业化两种业务模式。

无锡尚德代表垂直一体化模式，其业务系统如图 8-2 所示。

赛维 LDK 代表了专业化模式，我们同样把它的业务系统画出来了（见图 8-3）。

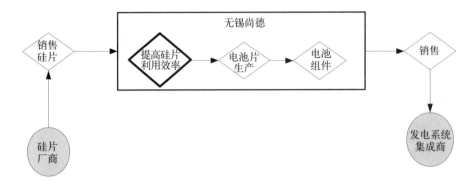

图 8-2 无锡尚德业务系统图

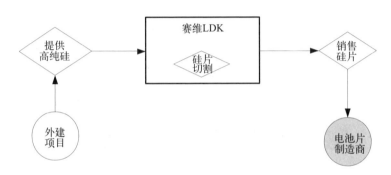

图 8-3 赛维 LDK 业务系统图

据有关资料显示，如果一家企业业务涉及光伏产业链全部环节（即多晶硅提纯、硅片加工、电池片加工、光伏组件制造和系统集成服务），每10MW的投入需要1.5亿元以上（其中初始投资最高的是多晶硅提纯环节，近亿元；系统集成服务初始投资最少，仅需要少量的资本投入），相应的 1GW 规模的投资达到 150 亿元。目前，行业内领先厂商将自己的产能定位到了 GW 级，那需要近百亿的投资，这相比未来光伏市场需求增长空间与收益预期，具有很高的投资风险和成本。

据招商证券的研究报告，2004～2006 年，下游电池生产企业的利润率从 20% 增长到 30%；而上游高纯硅制造企业的利润率，则由不到 10%上升到 50%。原因是下游太阳能设备生产厂家的发展速度快，对高纯硅材的需求增加，而上游的高纯硅技术，被少数厂家垄断，因而形成较高的利润空间。当时，全世界 95% 的高纯硅生产，被 8 家厂商所垄断。

拐点发生在 2008 年。

2007 年年末，多晶硅曾创出 400 美元 / 公斤的天价。2008 年，市场现货价格一度高达 450 美元 / 公斤。由于多晶硅的价格一直处于上行渠道，很多企业纷纷上马多晶硅生产项目，多晶硅价格直线下行。2010 年前后国内多晶硅的价格区间大约在 100～150 美元 / 公斤。按照国内多晶硅生产 50～100 美元 / 公斤的成本计算，这个环节的毛利润率从 300%～400% 下降到 100% 以下。

2010 年 3 月中旬，在中国太阳能产业展中，有厂商表示 1 公斤多晶硅的报价虽在 100 美元上下，但当前的部分合约价其实已经到了 60 美元，更有甚者包括江西赛维（LDK）总裁彭小峰在内，认为多晶硅价格或将跌至 25 美元左右，而 25 美元是国际级多晶硅厂商的成本价。

与此同时，国外的市场极度萎缩。到 2004 年，德国共安装了 10 万个太阳能屋顶。而 2006 年后，西班牙再次成为德国之后的太阳能发展推动大国。之前几年太阳能行业的大力发展绝大部分来自于这两个国家的需求。太阳能现在的发电成本远远高于火力发电，2008 年中期，当多晶硅价格被推至 400 美元 / 公斤高位时，太阳能发电在国内的每度成本价更是超过 4 元，约是火电价的十倍。太阳能当时的大力发展，主要建立在科普教育、政府补贴和宣传推广的基础上。

2008 年下半年愈演愈烈的金融危机，使这两个国家对太阳能的需求大大下降，转向更为便宜的能源。例如，西班牙光 2008 年一年就有 2.5 吉瓦（1 吉瓦 =1 000 兆瓦）的新安装量，但 2009 年不超过 500 兆瓦。与此同时，德国政府还削减了对太阳能的补贴。中国的太阳能应用当时还处于初级阶段，中国太阳能企业对国外市场的依存度超过 90%。前些年，由于多晶硅的价格一直处于上行渠道，很多企业纷纷上马多晶硅生产项目，并囤积原料，中下游企业则签订远期合约，锁定未来价格。但 2008 年下半年多晶硅价格直线下降，之前的项目产能开始释放，原料价格却转为巨额的成本，加上需求的下降，太阳能企业是"风箱里的老鼠——两头受气"。

这样看来，似乎金融危机是导致这一切的根源。然而，冰冻三尺非一日之寒，上游多晶硅高价导致产业价值链头重脚轻已是行业发展多年的隐患。为锁定长期价格而纷纷上马多晶硅项目正是大多数企业希望摆脱上游控制做出的理性选择，但是，趋同的个体理性却形成供过于求的集体效应，势必引起多晶硅的价格战并传导到整个产业价值链。不管有没有金融危机，这一天早晚都会到来，只是金融危机使外部的需求下降更为剧烈，从而加速了这一过程而已。

危机中的曙光：需求扩大，成本下降

2008 年下半年之后，太阳能行业倒也不是全然一片坏消息。首先，需求有扩大的迹象。太阳能在发达国家深入推广的趋势增强，其典型代表是美国和日本。

时任美国总统奥巴马曾多次表示，未来 10 年美国将投入 1 500 亿美元开发新能源，太阳能将成为其中非常重要的一环。根据奥巴马提出的 2012 年美国可再生能源发电量要达到总发电量的 10%，2025 年上升至 25% 的目标，美国将在之后几年成为世界上最大的太阳能市场。这表明，规模相当于目前全球装机 20 倍的可再生能源市场即将启动，太阳能将占据其中近七成的份额，接近 3.5 亿千瓦。另外，奥巴马也支持布什政府的投资退税政策，允许太阳能工厂投资者在设厂后获得 30% 的退税。

据《日本经济新闻》网站消息，日本经济产业省会同民间重要企业共同制定了一项旨在提高太阳能发电产业竞争力的综合对策，该对策提出，要在 2020 年将日本太阳能电池的全球生产份额从目前的 1/4 提高到 1/3 以上。

其次，随着多晶硅价格的下降，价格传导到中下游，使太阳能的发电成本不再高高在上。随着多晶硅价格的大幅下跌，太阳能电池成本也大幅下降，太阳能电池发电每度成本有望降至 1～1.5 元 / 度，与火电成本进一步靠近。

"如果多晶硅的价格继续下跌，将能让更多人用得起太阳能发电，这有助于市场规模的持续扩大，对产业也会有正面的加分效果，因此危机也是转机。"赛维（LDK）总裁彭小峰认为。

问题：如何重构太阳能行业的商业模式

问题的陈述到此结束：太阳能产业原材料价格下降，上游产能过剩，下游需求正在激发，有供不应求之势，整个行业巨大的投资额集中在上游和中游。

如何在危机和转机中寻找到前进的道路，是摆在所有太阳能企业面前的一道思考题。

假如你是一家太阳能企业的董事长，你如何重构企业的商业模式，使你的企业在危机中生存下来，甚至逆势增长？

BP solar 的商业模式

BP 集团是目前世界上最大的综合性能源公司，在成功经营传统能源的同时，也积极进行可再生能源技术的开发，其中包括太阳能。BP solar

是 BP 公司旗下的一家太阳能公司，注册地为美国，是目前世界上最大的太阳能公司之一，拥有几十年的从业经验和设施，业务遍及 160 多个国家和地区。BP solar 的主要生产区域在美国、西班牙、印度和中国，主要致力于太阳能组件产品和发电系统的设计、制造和销售。

金融危机对 BP solar 也造成了很大的危机，所幸的是，前几年当很多企业在大量囤积原料，上马多晶硅项目的时候，BP solar 并没有盲目跟进。虽然当时错过了一些发展的机会，却也因此没受累于多晶硅环节，有更多发展的自由度，掌握了商业模式重构的主动权。

BP solar 重构后的商业模式可以概括为：通过组织全球优势资源，寻求从原材料、生产制造到营销服务全过程的最优资源组合和一体化协同，构建具有成本优势、品质稳定、营销高效的组件生产制造服务体系。业务系统如图 8-4 所示（读者可以与上面赛维 LDK 和无锡尚德的业务系统做个比较，先试着自己归纳 BP solar 的商业模式）。

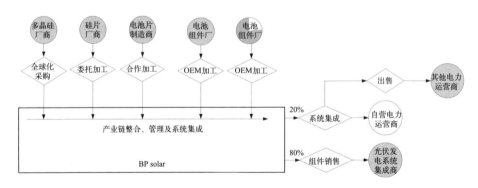

图 8-4　BP solar 业务系统图

不妨根据业务系统，按照产业链的顺序依次逐个解释。

由于多晶硅生产具有固定资产投入大、电力消耗大以及技术密集等特点，因此 BP solar 并没有选择进入，而是采取全球采购、与国际知名企业长单锁定的方式控制资源，凭借最低 45 美元 / 公斤的价格优势获得供应链端的大量收益。

针对拉晶、铸锭和切片环节固定资产投入高、高能耗、生产精细化程度高等特点，BP solar 选择了委托加工的方式，利用低成本、高质量的专业化制造企业，为其加工符合其标准的硅片，在中国选择了江西赛维 LDK 和浙江昱辉等进行合作。

在电池片制造环节，虽然固定资产投入也很高，但 BP solar 在前期设立了一些工厂，同时选择了河北晶澳等低加工成本伙伴为其进行加工，逐步停止了自有工厂的生产。2009 年 3 月 31 日，BP solar 正式宣布将永久关闭西班牙在马德里的电池片和组件工厂，同时宣布关闭的还有美国在弗雷德里克的组件工厂。

对于电池组件环节，固定资产投入低，品牌效应大，采取了设立合资企业加工与 OEM 相结合的方式。其中，合资企业合作伙伴为特变新能源股份有限公司，OEM 合作伙伴则选择了中国台湾茂迪等企业，最后合资企业名为碧辟佳阳太阳能有限公司。生产出来的电池组件，80% 卖给光伏发电系统集成商，20% 自用做系统集成，集成后一部分卖给其他电力运营商，一部分进入自营的电力运营商。

在系统集成领域，同时进行组件的销售和集成业务的承揽，以优质高效组件为载体，把 BP 的品牌理念传导到每一个客户。BP solar 的组件有 30% 由自己销售或供自己的系统集成业务使用，70% 选择代理商进行销售，并在应用市场上坚持推行自己的认证安装方案（certified installer programme），以确保代理商安装的安全性和质量。此举已经在德国成功应用，并逐步扩展到了西班牙和澳大利亚。

此外，在制造基地选址方面，做到精准挖掘组件制造环节重要的成本驱动力——劳动力成本。在全球选取具有人力成本优势的中国和印度，选取贴近目标市场具有物流成本优势的美国和西班牙组织生产或代加工业务。其位于中国西安的碧辟佳阳太阳能有限公司更具有成本优势，加工成本仅为美国同行业的 2/3，目前承揽 BP solar 大量的加工任务。在印度，BP solar 选择当地的电池组件生产优势企业 Tata power 进行合作，由于组件生产是劳动力密集型产业，所以更为充分地利用了当地廉价劳动力资源。到 2009 年，中国合资公司和印度合资公司的产能分别达 200MW 和 128MW。

虽然 BP solar 的供应链、技术质量和成本控制方面都具有一定优势，但其组件销售价格却远高于国内知名品牌。不过，这并不影响产品的国内外市场开拓。原因在于 BP solar 在做市场时，紧紧抓住了品牌和渠道两个核心。BP 公司在中国的广告——"BP 不仅贡献石油"早已经家喻户晓；同时，对于渠道的选择，BP 则利用了欧洲各国的顶级代理商，保障了哪怕是市场最低迷时期的定量销售。在某种意义上，BP solar 的组件其实就是品牌的载体，利用品牌卖组件，再用优质的组件宣传品牌，两者互相支持。这一举，也满足了目前太阳能光伏市场在进入时产品为先的要求。

在盈利模式方面，依托全球供应链资源、人力成本优势及全球高效营销网络赚取制造环节的利润。从收入结构来看，主要业务收入来自组件销售系统集成服务收入。然而，随着光伏产品成本降低，需求渐增的市场机会到来，系统集成业务市场将逐步扩大，这将促使 BP solar 业务系统实现多点盈利。现有的盈利模式将实现从短期到长期的可进化，短期在供不应求的市场环境下通过销售组件占领市场份额，提升品牌影响力。长期来看，随着行业逐渐成熟，系统集成业务的经验和技术优势将凸显出来，组件产品利润消减的威胁将通过系统集成服务业务增长来替代，并且实现公司盈利模式的低成本、低风险的升级切换。

相对产业链其他环节，组件制造环节具有较低固定资产投入的优势。同时 BP solar 的经营厂房采取租赁方式，降低非流动资产的投入。生产经营现金流结构实行全球统一的供销匹配的信用期，以较少的现金投入撬动企业高效运转。固定资产周转数可达到 15 次以上。现金收入主要是组件销售收入、系统集成服务收入，现金支付主要是硅材料、委托加工、物流成本以及组件生产过程的制造成本支出。

产业链一体化协同需要的关键资源能力

总体而言，产业链一体化协同要求企业具备以下关键资源能力。

一是环节组件化。所谓产业链环节，证明各个环节之间是可以相对独立的，因此才能分开到不同的企业主体去完成，这才有了外包、外协等出现。环节的组件化，一方面，保证了垂直一体化和一体化协同商业模式出现的可能，另一方面，也保证各个环节都可以因此做大做专做强，享受专业化的企业价值。如何分解产业链环节，既吸引到合作伙伴，使它们有足够的利益驱动做专业化，又使自己产业链运营的效益达到最大化，这是产业链一体化协同需要具备的第一个关键资源能力。

二是界面标准化。产业链之所以成为一个链条，前一环节对后一环节有很大的影响力，假如不能解决兼容性的问题，产业链的一体化就无从说起。特别是当同一环节交给很多合作伙伴的时候，这个问题尤为突出。因此，不管是做垂直一体化还是产业链一体化协同，界面标准化的重要性均不言而喻。而由于垂直一体化发生在企业内部，一体化协同发生在企业外部，界面标准化就显得尤为重要。事实上，在重构商业模式的过程中，BP solar 花了很多的力气在界面标准化上面，这个工作是不可或缺的，它能否顺利完成，以及完成的水准，直接影响到最终商业模式重构的成败。

三是全球供应链与物流整合能力。要实现从欧洲采购多晶硅料原料，中国加工材料到开展硅片和组件加工产成品均在全球范围内流通并保证交货期和成本优势，显然，没有高效的物流规划组织与整合能力是做不到的。

四是可靠的品质与安全保障体系。一体化协同，必须具备管理各个不同环节不同地域不同背景的合作伙伴，保障每一个环节品质和安全的能力。依托几十年来从业和工程施工经验，BP solar 公司建立了全球统一的产品质量和安全标准及保障体系。同时要求全球制造企业每年提取销售额的 0.1%～0.2% 作为质保金，确保履行产品质量索赔承诺。在终端市场坚持推行公司统一的认证安装方案，以确保代理商安装的安全性和质量稳定性。

在全球减产的一片呼声中，2009 年，BP 销售 320MW 的模组，比 2008 年增长 100%。BP solar 的价值在于全球富有增长前景的光伏市场。商业模式重构，将为 BP solar 下一步的腾飞增添一双有力的翅膀。

第 9 章

雷士照明：主动重构者引领市场

———

商业世界玩家众多，有追随者，有领先者。作为追随者，要时刻寻找领先者的破绽，伺机上位；作为领先者，要想保住领先的身位，则要主动求变，永远快对手一步。不管是追随者还是领先者，只有不断主动重构商业模式者才有可能引领市场，攫取巨大的企业价值！而被动重构的玩家，则只能一直跟在引领市场的玩家屁股后面，任何轻微的市场波动都有可能让他们魂飞魄散，灰飞烟灭！

雷士照明，从 1998 年的初创到成为行业龙头，短短 10 多年之间，销售增长超过 110 倍，走过了从追随者到领先者的整个过程，正是不断主动重构商业模式的结果。

第一次重构：生产贴牌，渠道专卖

1998 年 11 月底，雷士照明创建于广东惠州。20 世纪 90 年代末的灯具市场，正是一个在混乱中孕育着新生和重整的时代。

其时，照明行业经历了由温州引领的产品变革和中山古镇引领的质量变革，在产品款式和质量管理上已得到市场的认可。但由于品牌高度分散，进入门槛低，重产品轻研发，重制造轻品牌，跟其他制造业一样，低成本的国内灯具企业绝大多数沦为了欧美品牌的 OEM。少数自贴品牌的，则采取前店后厂的模式（见图 9-1），成为建材家居市场渠道的附庸。作为碎片市场，照明行业没有真正的领导者，行业以每年 20% 以上的增长率成长，所有企业都活得很好，没有多少企业会主动求变。

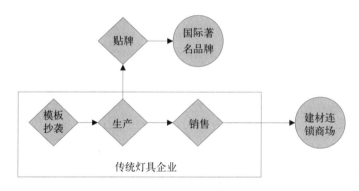

图 9-1　传统的"前店后厂"模式

　　雷士照明是一个例外。1999 年年初，雷士照明就定下了企业的方向："我们的中期目标是到 2008 年年产值达到 50 亿元人民币，2010 年要达到 100 亿元。"要从市场中崛起，自然要重构市场已有的商业模式，杀出一条血路。

　　雷士的重构分为三部分。

　　第一，仍然为国际著名品牌贴牌生产。雷士有自己的逻辑："依然帮欧美的国际品牌做 OEM，主要是因为很多 OEM 产品技术含量高，品质控制很严格。帮它们加工能提高雷士的质量控制能力，以及技术开发创造能力，并可以从中摸索、学习它们在发达国家的销售网络，为雷士自主品牌走向国际发达市场做铺垫。"雷士的第一次重构如图 9-2 所示。

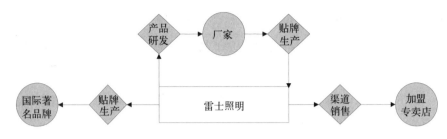

图 9-2　雷士的第一次重构

第二，加强产品研发，同时吸收照明行业充沛的过剩产能，把已有的很多质量合格的照明企业发展为自己的 OEM 厂商。这为雷士第三部分强大的销售渠道提供了源源不绝的产品支持。

在发展渠道的同时，仍然花精力在技术研发和产品质量控制，雷士为后面的重构埋下了伏笔。

第三，发展加盟专卖店，既开拓销路，又建立品牌形象，一举两得。之所以选择自建渠道，雷士有着自己的思考：灯具从厂家到终端客户的差价非常大，销售毛利润率非常高，品牌销售有足够的利润空间。

在设计与加盟专卖店的交易结构上，一没有市场基础，二没有雄厚资金的雷士可谓是费尽心思。

第一，免费开张，让加盟商"不差钱"。对于符合加盟条件的经销商，雷士非但不收取加盟费，还补贴 3 万元作为装修和样品展示费用，并给店员发基本工资，让加盟商免费开张。其他一些环节比如店面的租赁、管理等，由经销商自己负责，盈利归经销商自己所有。

第二，设定进货量，让自己不亏本。雷士要求加盟商第一单必须进不少于 10 万元的货，这样可以保证雷士不亏本。

第三，加快交货速度，让加盟商跑赢对手。针对市场上 30 天的交货期，雷士把交货期控制在 15 天，从而增强了加盟商的渠道竞争力。

第四，统一形象，提升品牌。雷士要求，加盟店铺必须挂上公司统一制作的招牌，店内按照公司统一的形象标准装修。通过醒目的专卖店门面的大力推广，雷士迅速在行业内树立了品牌形象，品牌推广和渠道销售得到了相互加强。

第五，设计办事处，投入大量业务人员，兼顾品牌推广、销售和服务等职能，加盟商独立经营，雷士统一管理。

由于前面的 OEM 产品产能充沛，对雷士而言，发展的瓶颈主要在于渠道的力量，因此，贴牌订单稳定的利润与自主品牌的利润，全都投放到雷士的终端建设中。"头 3 年我们赚的钱全部投入在产品研发，建专卖店。"

雷士的努力取得了丰硕的成果。2000 年 7 月，第一家雷士专卖店在沈阳开张，2003 年就达到 300 多家，2004 年翻番到 600 多家，如今已经超过了 2 500 家。与之相应地，雷士的销售额也井喷式地增长，2003 年为 3 亿元，2004 年为 6 亿元。

渠道的强势反过来促进了贴牌生产。此期间，雷士发展了上百家贴牌生产厂家，引入了上万个品种。2003 年 9 月智能照明部的成立，标志着雷士实现了商业照明、家居照明、户外照明、智能照明、雷士电工和光源电器等六大产品群的规模化经营。

第二次重构：开拓"隐形渠道"

2003 年，随着雷士专卖店的成功，吸引了很多市场的追随者，雷士却已经把眼光投向另一个巨大的渠道——"隐形渠道"。所谓"隐形渠道"，就是众多的家装公司、工装公司、设计院、设计师、装修工、电工等。客户接触到照明产品，除了正常渠道，如家居卖场、专卖店，很多时候也来自"隐形渠道"的推荐。"隐形渠道"虽然不直接消费，但是却引导最终的消费者。在商业照明领域，几乎 60% 以上的照明产品尤其是工程用灯的销量，都被设计师队伍所主宰。

为了开发和巩固"隐形渠道"，雷士照明双管齐下，和经销商一起出动。雷士的第二次重构如图 9-3 所示。

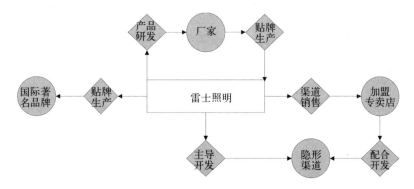

图 9-3　雷士的第二次重构

雷士方面，经常对当地装修公司和设计院进行跟踪和拜访，加强与专业设计人员的联络；定期邀请装修公司及设计院专业人士参观企业，加深他们对企业及产品的了解；对设计公司及设计院的活动提供各种形式的赞助。

对于经销商方面，雷士动员经销商组建专业的营销团队，并对业务人员进行专门的培训管理，配合雷士对"隐形渠道"的开发。

"隐形渠道"让雷士在一些重点工程项目的竞标上取得了绝对优势，受惠最大的是处于经济中心的两大运营中心——上海和北京。雷士上海运营中心借助设计师资源获得了上海市环球金融中心、世茂湖滨花园、交银大厦、德国拜耳药业、荷兰银行、美特斯邦威等工程的照明项目。

北京运营中心也受益匪浅。2006 年 6 月，北京奥运会工程招标，雷士聘请了全明星级的设计团队——北京市建筑设计研究院、清华大学美术学院、上海复旦大学电光源系、上海灯具研究所的专家——作为雷士奥运工程灯具研发及团队的顾问。翌年 11 月，雷士拿下了北京奥运会 7 000 万元的照明工程大单，成为中标金额最大、中标项目最多、产品应用最广的中国本土照明企业。

雷士总裁助理石勇军说："在北京、上海，工程类照明产品的销售额比重能达到70%。""这两家运营中心的年销售额都超过了1亿元。"其中相当一部分项目是通过工装公司、家装公司承接下来的。

2008年年底，雷士的电工类产品也渗透到了这一渠道中，销售额已达2亿多元。

"隐形渠道"在为雷士打开销路的同时，积累了大型工程项目的招投标，强化了与大单客户的触点，随着后来雷士产品线结构的完善，将成为雷士照明行业整体解决方案布局非常重要的一颗棋子。

第三次重构：变革专卖店，伏笔产业链

2004年，雷士的专卖店达到600多家，2005年，超过1 000家。扩张带来了幸福的烦恼。首先是个体，由于雷士的品牌已经确立了地位，加盟专卖店就意味着盈利，因此，涌进了很多夫妻店，单店质量良莠不齐。其次是整体，所有的专卖店都由雷士总部统一管理，相互间并没有隶属关系和区域管理关系，专卖店之间恶性竞争的例子层出不穷，雷士的管理半径和管理能力受到了严峻的考验。

雷士决定对专卖店动手术。

首先是小手术。针对单店管理，雷士重构盈利模式。2004年，取消了以销量为标准的返利，将对经销商的补贴与其员工人数挂钩，逼迫经销商改变夫妻店经营模式，进行公司化运作。2004年5月，雷士第一期专业照明培训在雷士总部举行。此后，雷士经常举办针对经销商的经营培训、对专卖店服务人员的业务培训，借此巩固厂商联盟。

2004 年 3 月，组建市场营销中心、企划部、客户管理中心等职能部门，并完善产品经理制，加强和规范公司内部管理。2004 年 12 月，南京圆心软件为雷士量身定做的客户管理系统（CRM 系统）正式完工并交付使用。

经过一年的变革，专卖店的单店管理能力和盈利水平有了较大的提升，雷士的内部管理也做好了充分的准备，对专卖店动大手术的时机已经成熟。

2005 年 4 月，雷士从全国数百家经销商中选择规模较大的数十家，把它们整合成 35 个运营中心，将经销权集中，管理权下放，由小区域独家经销制和专卖店体系向运营中心负责制转化，成立省级运营中心。

运营中心直接挑选各省会城市业绩最好的经销商来担任运营中心总经理。运营中心总经理有自己的直营店，同时兼顾整个区域的运营管理。其角色不再是单纯的销售职能，而是产品配送、品牌服务、维护区域市场秩序和业务秩序、销售规划四大职能。其他规模较小的经销商，则直接与各地区的运营中心接触，不再由雷士直接统一管理。

为了激发运营中心的积极性，雷士让出了大份额的利润，却也因此削减了之前派往各地市场的大量业务人员，使公司变得更轻；同时，也筛选出很多优秀的经销商，它们成为雷士发展的基石。

运营中心的建立，使雷士的销售从总部下沉到区域市场，把一部分的管理职能下放和分散给运营中心，而总部则承担统一的产品研发、品牌推广、客户服务等职能。运营中心管分销，总部管资源供给，层级虽然多了一级，管理半径却缩小了很多（从管理上千家的专卖店到只管理 30 多个运营中心），管理效率得到大幅度的提升。

雷士总部对经销商采取组合拳管理，用信用卡制度和贷款保证支持经销商，用现款提货约束经销商。

首先，信用卡管理。雷士先行垫付一定信用额度，规定经销商必须像信用卡一样如期还款，如果不按期还款，经销商将丧失信用，不但无法再像从前一样"先行刷卡"，还要向雷士缴纳滞纳金和罚款、利息，同时还面临断货的风险。如果按期还款，其信用额度则可循环使用。

其次，贷款保险。雷士与经销商之间事先签订法律文件，同时雷士还办理了中信保险的货款保险。一旦遇到经销商拒不还款的情况，雷士将通过保险公司获得经销商的应付账款，保险公司将代理雷士诉诸法律途径。是不是有点似曾相识？没错，深发展的供应链金融其中一招就是这么干的。

最后，现款提货。雷士在厂商和经销商之间实行现款现货交易，一方面保证现金回笼和货物安全，另一方面也约束渠道进行理性的市场拓展，按需进货，降低库存，并激发经销商的销售激情。这种现款交易对雷士也是一种鞭策和约束，假如雷士产品销路不好，经销商的进货积极性就会下降，损害双方的长期合作。

2009 年年底，在金融危机风声鹤唳的大环境下，雷士为渠道商准备了 2 亿元的市场授信额度，对象覆盖全国 36 个运营中心、2 200 多家品牌专卖店和超过 1 500 家经销商，形式包括现金和货物。部分运营中心的支持额度甚至超过了千万元。有这样的支持，经销商和雷士之间的关系非常融洽，也非常稳固。随着雷士的壮大，市场上的山寨版雷士产品层出不穷，这时候，遍布全国各地的经销商都会主动起来打击仿造者，维护雷士的品牌，这和一些国际照明品牌专卖店里卖假货自家人拆台形成鲜明对比。

雷士销售管理相关负责人表示，雷士的渠道经销商经过 10 年的培育和发展，至少产生了 10 个以上年销售规模过亿元、20 个以上年销售规模过 5 000 万元以及一大批年销售过千万元的经销商。而这批成功的经销商中，多数都不是当年该区域最有财力或者最有实力的经销商，反而是那些能够做到厂商共振，上下同欲，专注专心专一的经销商成为今天雷士渠道乃至整个照明行业最为优秀的经销商。

2007 年年底，在中国经营大师论坛上，雷士创始人很有信心地说："雷士做到今天，我真的不是吹牛，我们所有区域的代理权价值上千万元，不信你们试一下，就在深圳，你们拿 1 000 万元找我们的经销商，你就说把经营权卖给我就行了，他绝对不给你。"

如今雷士已有 36 个运营中心，有相当一部分的销售业绩已经过亿元。正是有了这么强势的渠道支持，2006 年，雷士才有底气撤出做了 3 年的百安居等超级终端。雷士的第三次重构如图 9-4 所示。

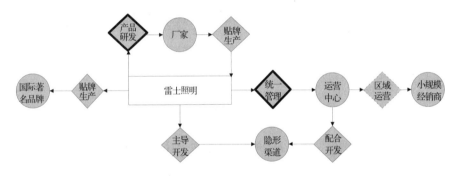

图 9-4　雷士的第三次重构

注：加粗线表示强化，虚线表示弱化。

有了运营中心，雷士照明可以把更多的精力放在产品研发上。2005 年 12 月 5 日，惠州市照明工程技术研究开发中心在雷士公司正式挂牌成立，引进一大批与国际同步的试验和检测设备，建立专业试验室团队，保证产品质量优良、稳定，产品的出厂合格率均保持在 99.5% 以上。

运营中心，如果从承担的职能和管理隶属关系上看，实际上已经成为雷士照明的大区域事业部，是内部利益相关者；而如果从所有权和收益权看，却又属于经销商范畴，是外部利益相关者。这种对运营中心既内又外的深度思考和有内有外的精准定位，说明雷士照明在交易结构的设计上已达到运用自如的程度。

而运营中心这步棋，正悄无声息地成为雷士下一步重构的基础。

第四次重构：整体解决方案

经过近十年的精耕细作，雷士的渠道高速成长，受到国际照明巨头的青睐。此时，已经成为 GE 光源、镇流器的中国大陆销售总代理和 TCP 品牌在中国区域的独家承销商。但是，随着跟随者的增多，加上对运营中心的利益分成，雷士的利润率呈下降趋势已是不争的事实。但在还没造成颓势之前，雷士已经完成了对原有模式的强化和复制，并为下一步重构做好了充分的准备。

先说强化。2006 年，雷士正式进驻惠州占地面积 20 万平方米的现代化工业园。同年 8 月，万州生产基地正式落户重庆，成为西部最大的照明生产基地。2008 年，临沂基地、浙江基地也相继投入使用。至此，雷士已经完成了在全国四个重要方向的生产布局，生产基地总面积超过 100 多万平方米，总生产能力超过 100 亿元，拥有中国照明行业最强大的制造能力。

2008 年 3 月，投资数千万元、按照国际标准设立的雷士照明上海研发中心正式成立，研发中心由国内著名的光源专家周详担纲主持，主要承担雷士新型光源和电器的研发。雷士还聘请了多名中国照明行业顶级的灯具专家、电光源专家、HID 专家、电子专家组成顾问团，先后与哈尔滨工业大学、复旦大学电光源研究所合作。

与此同时，雷士也加强了产业链的并购和合作。2007 年和 GE 合作进入高端灯源市场，整合世代照明进入中低端市场，加上新进入的灯饰市

场，至此，灯饰、商照灯具、光源和电器四部分将构筑成新的、强大的
"雷士系"。

产业链整合、研发升级和自建产能，使雷士减少了 10%～20% 的损
耗，大幅度提高了利润率。以 T4/T5 型节能灯为例，刚上市时毛利极低，
规模上来后每年为公司贡献近 600 万元的利润。

再说复制。在国内取得成功之后，雷士也开始往国外扩张，采用的是
把运营中心的模式向国外复制。先通过在国外设立运营中心，在当地扶持
经销商，让经销商开专卖店，同时进行一定的补贴吸引；在当地投广告，
派业务人员进行支持；同时，根据销量的大小、在当地的影响度等，采取
事先垫付、共同出资以及通过货款返还等多种形式补贴，让经销商免费
开张。

2006 年年底，海外营销事业部成立。2007 年 10 月，雷士海外首家品
牌旗舰店在马来西亚开张。2010 年前后，雷士已经在东南亚、欧洲、美洲
等的数十个国家和地区设立运营中心，正式以 "NVC" 品牌展开全球营销。

至此，通过自我积累、并购等方式，雷士已经建立了商业照明、家居
照明、办公照明、户外照明、办公照明、电工产品和光源电器六大产品
群的完整产业链；通过运营中心，建立了遍布全国以及全球的营销渠道；
通过在国内四个方向设立生产中心，既自建产能，又覆盖了重要的销售
区域，形成 "制造连锁" 雏形；"隐形渠道" 也将为雷士的大工程招投标
和提供大单客户接触点起到举足轻重的作用。雷士的第四次重构如图 9-5
所示。

也就是说，到目前为止，雷士已经具备了为客户提供照明行业整体解
决方案的研发、生产、渠道和品牌能力。那么，整体解决方案会不会成
为雷士下一步商业模式的选择？这将是雷士照明下一步商业模式重构的
看点。

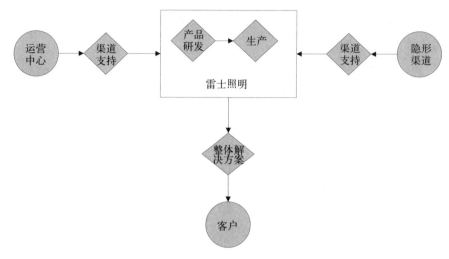

图 9-5   雷士的第四次重构

重构，在最好的时候

雷士照明的成功，正如我们前文所言，来自其对商业模式的多次主动重构，每次都是在最好的时候（上次我们说到有这种眼光的，好像是IBM），而其他的绝大部分玩家，只能跟在它的背后，猜测它下一步会踩在哪一个鼓点。雷士每次重构都来自对交易结构各个环节的分解（从以前的前店后厂分解出单独的专卖店渠道）、分拆（将专卖店分拆成大的运营中心和小的经销商）、分化（从专卖店渠道分化出"隐形渠道"）和重整（集合运营中心渠道和"隐形渠道"，内化研发和生产，提供整体解决方案），市场对这种重构给予了肯定的反应。

中国照明电器协会的调查显示：2008 年，照明行业 70% 的企业处于亏损状态，20% 的企业持平，只有 10% 的企业赢利。但经过多次主动重构的雷士照明却"风景这边独好"。2006 年实现销售 12 亿元，2007 年达到 20 亿元，其中海外销售额同比增长了 300% 多，占据了国内商场、服装连锁店、饭店等公共照明场所 30% 以上的市场份额。在总市场容量超过 2 000 亿元、行业年均增速为 20% 的照明市场中，雷士已多年保持了三四倍于行业增速的增长率。

雷士的主动重构，也得到了资本市场的肯定。2006 年，雷士照明吸引了软银的 2 200 万美元投资。2008 年年初，软银再次对雷士追加 1 000 万美元的投资，高盛逆市注资 3 700 万美元。

第 10 章

天宇朗通：重构的黄金三角

———

每次业务系统的变革，带动了关键资源能力的增长；关键资源能力的增长，又成为下一步业务系统变革的基础。两者就好像直角三角形的两条直角边，盈利是直角三角形的斜边。直角边越长，斜边越长。业务系统和关键资源能力的交替上升和相互支撑一起成就了天宇朗通的持续盈利。

2002 年，天宇朗通注册成立。

2003 年，销售额超过 12 亿元人民币。

2006 年获得 GSM 网和 CDMA 网两个手机牌照。当年，跃居国产手机第一位，出货量突破 1 000 万部。

2007 年 1 700 万部，销售额超过 50 亿元人民币，纯利润高达 6 亿元人民币。

2008 年 2 400 万部，出货量排名第四，仅次于诺基亚、三星和摩托罗拉，是唯一闯入前五的国产手机品牌。年销售额 80 亿元，占据国内市场 10% 份额。

2009 年 3 月，天宇朗通销售手机数量达 270 万部，在中国的市场份额提升到 20%，一举超越摩托罗拉，直逼三星的榜眼位置，成为首个跻身于手机三强行列的中国本土品牌。

……

在这一系列瞩目的数字背后，是天宇朗通多次商业模式的重构。令人惊讶的是，天宇朗通似乎天生有一种对市场前景的洞察力和对商业模式重构的坚定。往往市场还是一片歌舞升平的景象，天宇朗通早已开始为下一步商业模式重构埋下伏笔，而起点轻资产的战略也使每一次重构都看起来很轻松。

然而，这只是表象。没有对下一阶段关键资源能力的培育和锻造，天宇朗通对商业模式的重构不会那么轻松。

天宇朗通的持续盈利是在业务系统变革和关键资源能力增长的交替上升、相互支撑中实现的。

天宇朗通的"前世"

天宇朗通的"前世"是手机分销商百利丰通讯公司，于 1995 年成立。刚建立的时候，主要从事芬兰模拟电话百利丰在中国的分销业务。

刚开始并不顺利。百利丰的大哥大有时候会出现打不进来的现象，但由于是新产品，很多渠道对这个事情都心照不宣。公司主动召集客户说明，主动为客户升级，并促使供应商百利丰改善了大哥大的质量。百利丰通讯公司因此积累了良好的声誉。

自 1997 年年底开始，百利丰通讯公司相继成为诺基亚、松下、西门子、阿尔卡特等各大品牌手机的区域分销商。1998 年年底百利丰开始代理三星手机，巅峰时期掌控三星手机在全国超过一半的市场份额。2002 年 8 月，成为多普达 686 手机华北区指定代理商。

当时手机行业的主流商业模式有两种。

一种以诺基亚和三星等国际品牌手机为代表。厂商主要负责手机的研发、设计和品牌运营，生产一般由富士康、比亚迪等代工。渠道分为两级：代理商和终端渠道。由于行业高涨，整个链条的毛利率有 40%～50%，各个环节的毛利分配见图 10-1。

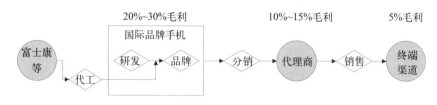

图 10-1   国际品牌手机业务系统图

另一种是以波导、TCL、联想等为代表的国产手机（业务系统见图 10-2）。由于缺乏品牌，国产手机的毛利率普遍低于国际品牌。为了保证高毛利，国产手机采取垂直一体化生产，把研发、设计、制造和品牌都做了。对于渠道，则采取"人员支持 + 全程价保"的方式：成千上万的促销员直接下放到终端促进销售；对促销的机型，厂家对还未销售出去的全部库存产品给予调价补偿。厂家挟持着终端渠道打价格战，承担促销员工资、手机库存压力和手机降价风险。

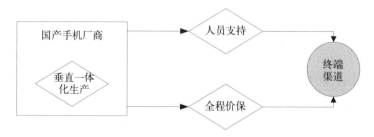

图 10-2   国产手机业务系统图

百利丰正处于第一种模式中代理商的位置。按照掌门人说法："卖一台手机挣三四百块钱，三星最少也能挣 200 块，特别容易。"似乎，这样的日子也不错。

但经过仔细分析，百利丰就发现有问题：厂商拿的最多，承担的风险也最大；终端渠道门槛最低，找个门面就可以开张，但是利润也最薄。这两者的风险、责任和收益是匹配的。但这里有两个不匹配。

代理商承担风险小，收益却仅次于厂商，风险和收益不匹配。为什么很多分销商会为国际品牌手机的代理权争得头破血流？这种额外经济租金正是不匹配的明证。

终端渠道的能力和收益不匹配。这个环节最了解终端客户，却收益最低。

于是，赶在这个体系崩溃之前，百利丰打算撤出代理渠道，做手机厂商。

而七八年的手机代理商生涯也给百利丰积累了下一步重构的关键资源能力：

第一，两亿财富，成了天宇朗通的启动资金。

第二，对渠道价值分配体系的深刻洞察。

第三，多年分销积累的终端渠道资源和良好口碑。

后两者为天宇朗通从渠道突破，重构商业模式奠定了基础。

贴牌生产，渠道突破

2002 年年底，天宇朗通成立，注册资金 2 亿元人民币。由于当时手机牌照还没开放，天宇朗通只好做贴牌生产，租用别人的品牌，定位于中低端客户。当时贴过的牌子有南方高科、CECT、大显，量不大，每年出货量不到 100 万部。

但即使是贴牌，天宇朗通也走出了跟别人不同的路子。

首先突破的就是最熟悉的渠道。

天宇朗通重新确立利益分配体系：厂商只拿 10% 的毛利，剩下的 15%～20% 由渠道分销商分配，把更多毛利让给了更加了解客户的终端渠道。作为交换条件，渠道必须买断产品，并承担一切人员成本。天宇朗通明确规定，代理商不准挣比终端渠道多的钱。

而实际上，由于和通行的品牌手机价格相比，天宇朗通的贴牌手机还存在一定的毛利空间，而终端渠道买断手机之后，有一定的定价权，赚取的利益实际上比规定的 15%～20% 要多。天宇朗通拿到手机牌照后，毛利空间更大。据天宇朗通的员工透露，有些渠道拿到了最多 40% 的毛利。

为了降低渠道风险，天宇朗通规定提价周期为一个月，要求经销商每月分三次提货，尽量降低压货风险。由于周期缩短，渠道可以在最短的时间里追踪到产品的销售情况并及时反馈给天宇朗通，帮助后者控制库存和价格。

厂商少赚取了毛利，却减少了促销员的投入和价保的风险。对渠道而言，天宇朗通的手机毛利更高，自然也会增大店面促销的力度。而为了能够把手机卖给渠道分销商，天宇朗通就必须让自己的产品适应市场的需求——这样才有可能卖断，加快资金的周转。这反过来促进了天宇朗通的成长。

为了避开竞争激烈的大城市，天宇朗通主动挨个拜访了二三级以下的代理商和大的零售店老板，向他们推销自己的渠道利益分配体系。在精耕细作下，很短时间之内就汇聚了几百家代理商，几百家直供店，另外还有县代、大省代、半国代等。此时，天宇朗通业务系统如图 10-3 所示。

而事实上，正是多年从事代理商的经历，为天宇朗通积累了良好的信誉。2003 年，天宇朗通急需数千万现金，开口向经销商借款。不到两个小时，4 000 万元现金到账。天宇朗通和渠道商关系之好可见一斑。

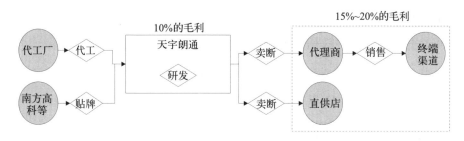

图 10-3　天宇朗通业务系统图 1

2003 年，天宇朗通先后投入 3 000 万元做自主研发，对美国手机芯片企业 ADI 的方案做二次开发，成为唯一有自主研发能力的贴牌手机厂商。然而，这差点让没有研发经验的天宇朗通团队全军覆没。截至 2005 年年底，天宇朗通回收的不稳定手机超过 5 万部，亏损 8 000 万元。后来，掌门人亲自挂帅研发部门，又恰逢联发科的 MTK 手机芯片整体解决方案的出现，天宇朗通及时把芯片从 ADI 改为 MTK，加快研发流程，严控物料成本，研发部门才逐渐走上轨道。

2004 年，天宇朗通开始建立虚拟工厂系统，把采购、物料调配、代工厂管理、财务、销售等都通过软件管理系统的方式解决。MBA 出身的掌门人坦言："遇到问题我就会想到建一个系统，设计一个流程。它的好处是归纳性比较强，避免头痛医头脚痛医脚。一个公司的发展要有延续性，未来不能有潜在的障碍，因此要建立系统。"

经过三年多的积累，天宇朗通拥有了基本成熟的自主研发能力，扎实可靠的渠道资源，内部高效的管理系统和扁平化组织架构。

万事俱备，就等手机牌照的发放了。

技术集成，渠道发力，跨越式发展

2006 年 4 月，等待了 4 年的天宇朗通终于拿到了 GSM 网和 CDMA

网的手机牌照。

与此同时，联发科的出现，打破了整个手机行业的格局。

联发科是个颠覆性的芯片公司。从 1997 年建立开始，联发科先后打破了光驱存储和 DVD 芯片的原有市场格局，靠的是为制造商提供包括硬件和软件在内的整体解决方案。

2003 年，联发科把触角伸到了手机行业，靠的仍然是为制造商提供包括硬件和软件在内的整体解决方案。也就是说，只要成了联发科的用户，研发的问题就不用担心了，只要做好手机设计、硬件质量、销售和品牌建设即可。长期在研发上处于劣势的国内手机厂商一下子和先进国际品牌在技术上站到了同一起跑线。国内手机厂商一下子如雨后春笋般增长到了上千家。联发科自然也收获颇丰，成为仅次于德州仪器、ADI 的第三大手机芯片巨头。

在采用 ADI 芯片研发失败之后，2005 年，跟很多"山寨手机"厂商一样，天宇朗通开始接触联发科。2006 年年底，天宇朗通和联发科正式签署了深度合作协议，天宇朗通的手机芯片全部采用 MTK 方案。

但和绝大多数"山寨手机"不同的是，天宇朗通并没有裁掉自己的研发部门，也不只是购买联发科的 MTK 方案就算了，而是让联发科介入自己的研发部门，把研发队伍带出来。联发科有 20 个研发工作室常驻天宇朗通，帮助天宇建立起一个世界级实验室，把后者的研发人员分为软件测试、流程、生产、音频、照相等项目，用联发科的方法培训和考核。

除了联发科的研发平台，天宇朗通在应用上充分发挥了集成商的想象力和执行力，逐步引入高通、威盛的 CDMA 解决方案，微软的 Windows Mobile 操作系统，美光的数码相机方案等。

2008 年，天宇朗通在研发上继续投入 1.5 亿元，团队扩充到 600 人，占到公司总人数的四成。

为了保证手机质量，天宇朗通采取了两方面措施。

在零部件方面，天宇朗通只和全球前五、国内前三的供应商合作。当时，天宇朗通在很多供应商的客户名单中都排名前三，在东芝、联发科和 IFD 均排名第一。天宇朗通因而拿到了优惠的价格和最好的服务。

此时，天宇朗通业务系统如图 10-4 所示。

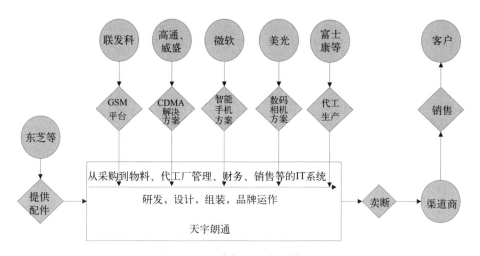

图 10-4　天宇朗通业务系统图 2

对于制造方面，天宇朗通交给了代工诺基亚和三星的富士康、比亚迪、东信和微密，把返修率一直控制在个位数，和国际品牌手机保持在同一水平。和天宇朗通形成鲜明对比的是，曾经投入巨资建设千万产能生产线的波导、TCL 等国产手机巨头，都因为开工不足而造成投资亏损的问题。为了收回投资，很多已经沦为了贴牌代工的外包生产基地。

这么多的供应商和代工厂如何管理？天宇朗通在所有的代工厂都上了计算机系统终端，在监控机房里，就可以实时监控每天进出的物料。专线费用由天宇朗通和代工厂分摊。

而经过多年的经营，渠道已形成一张纵深全国、超过 1 500 家渠道商的高效网络。

在这种供应、代工、渠道直供生产模式下，天宇朗通走在了市场的前面：采购前置期只需要 20 天，行业平均水平是 2 个月；从厂商到用户的渠道库存周期不超过 2 周，行业平均水平是 2 个月。从市场需求出现到产品正式上市，同样是 MTK 的方案，天语的整个周期是 3 个月，而一般的厂商需要 6 个月。

高效率造就了高出货率。2007 年，天宇朗通累计在市场上推出了近 80 款产品，从年轻人喜欢的 800 万像素拍照手机到适合老年人使用的老年手机，每个月都有 8～10 款机型上市适应市场的需求，就连市场销量第一的诺基亚也望尘莫及。在消费者口味变化频繁的手机市场，有时候速度就是制胜的武器。

于是，拿到牌照后的短短两年间，天宇朗通从默默无闻上升到国内市场前五，不打广告的天语手机靠着质量、功能和设计潜移默化地影响了很多消费者的选择，品牌知名度得到稳步提升。照明手机、电视手机也开始占据了细分客户群，天语手机开始形成产品特色。和上下游的供应商、代工厂、渠道商关系融洽，对众多合作伙伴的方案集成得心应手，天宇朗通引领了后 2.5G 时代的中国手机市场。

然而，引领市场者正是在最好的时候看到成长的危机，从而做出下一步的部署。天宇朗通已经开始布局 3G 市场。

2007 年 8 月，在 3G 运营牌照远远还没发放的时候，天宇朗通就已经开始了对 CDMA 相关终端的研发，和微软、高通的合作也加快了步伐，并开始部署向运营商定制的转向。

3G 时代，从中低端走向高端的奋斗

天宇朗通的 3G 步伐走得很快：2007 年 8 月研发，2008 年 5 月成为

中国电信合作伙伴，2009 年 2 月成为天翼手机签约定制厂商。据天宇朗通掌门人说，天宇朗通 70% 以上的研发力量已经投入到了 CDMA 和 EV-DO。

　　和芯片厂商的合作也在稳步进行中。2007 年 8 月天宇朗通的研发是基于威盛提供的低端 CDMA 芯片。为了走向高端，天宇朗通把目光投向了高通。后者掌握着全球数量最多的 CDMA2000 和 WCDMA 技术专利，同时掌握智能手机微处理器和应用芯片的重要技术。

　　2008 年年底，高通授予天宇朗通开发、生产和销售 CDMA2000 和 WCDMA 用户单元和调制解调器卡 / 模块的全球专利许可。

　　2009 年 5 月，天宇朗通获得高通对 CDMA2000 和 WCDMA 手机及上网卡的全球专利许可。此举同时使天宇朗通获得了高通对美国版 3G 标准及欧盟版 3G 标准的专利授权。

　　按照行业惯例，国内市场的手机专利授权费明显低于海外市场。主要供给国内运营商定制手机的天宇朗通本来可以按照国内标准缴纳相对低的授权费。但为了合作，天宇朗通支付给高通公司按照统一国际费率的专利费。这至少带来了两个好处：第一，为国际市场布局；第二，表达合作诚意。之后，高通将源代码直接提供给了天宇朗通，用来实现手机硬件和软件之间更好、更低成本的集成。这样的待遇，之前只有像华为和中兴这样的顶级合作伙伴才能获得。与此同时，高通派驻了一支完整的工程师和技术人员团队进驻天宇朗通，成员包括从基带芯片到 3G 应用解决方案，以及配套的软件服务等不同领域，给后者最大的技术力量支持。

　　5 月 11 日，天宇朗通携手中国电信、高通、微软等业界巨头，高调发布 E61 等五款 CDMA2000 制式的 3G 手机。E61 采用高通芯片组，支持微软 Windows Mobile 操作系统，从外观到内核都体现了天宇朗通走向高端市场的产品竞争力。

　　2008 年 10 月，天宇朗通的营销部裂变为三个事业部：G 网（开放市

场）、C 网（电信运营商）和海外。3G 手机和 smart phone（智能手机）在
研发中单独立项。2009 年年初，天宇朗通在 CDMA 的运营商市场实现了
月销量从 20 万台到 50 万台再到 80 万台的三级跳。

与此同时，天宇朗通投入 1 亿元，加强品牌建设。2008 年 5 月 22 日，
天宇朗通发布了三款"in 像"系列的旗舰新品 C280、C700 和 C800，均
定价在 2 500 元左右；天语手机的广告开始遍及电视、网络、平面等空间；
原有的市场部细化为品牌传播管理部、广告购买部、市场支持部等，这一
系列动作标志着天宇朗通开始从中低端市场向中高端市场进发。

天宇朗通在东南亚市场也已经开始小试牛刀，有了 300 万部的出货
量，性价比高的天语手机在海外有足够的吸引力。

看业务系统图 10-5，和之前的 GSM 手机并没有本质的区别，只是局
部的交易结构微调，说明天宇朗通的商业模式已经成型，和利益相关者的
合作关系也已经稳定下来。交易结构的稳定与否、合作伙伴的质量高低，
将成为决定天宇朗通下阶段成败的关键资源能力。

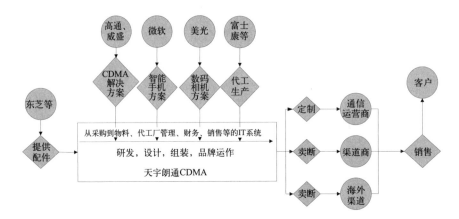

图 10-5　天宇朗通业务系统图 3

2008 年 6 月，华平投资以 7 000 万美元获得天宇朗通 7% 的股份，估
值 10 亿美元，天宇朗通的模式得到了资本市场的认可。

黄金三角：持续盈利的秘诀

纵观天宇朗通的历程，贯穿始末的只有一个字：变！

当国际品牌手机代理商赚得盆满钵溢的时候，百利丰通讯公司注册成立天宇朗通，转向做手机厂商；当手机厂商压榨终端渠道获取高利润率的时候，贴牌的天宇朗通为终端渠道留足了高额的利润；当山寨手机遍地都是，坐享联发科的 MTK 方案的时候，天宇朗通让联发科培训自己的研发人员，建立实验室；当波导、TCL 建立千万台产能的时候，天宇朗通找到了为三星和诺基亚做代工的富士康、比亚迪；当大家都还停留在 2.5G 的联发科时代，天宇朗通开始了对 3G 的研发，把从中低端的威盛到高端的高通、微软，先后变成了合作伙伴；在出货量攀升到三甲之前，天宇朗通已经启动了品牌宣传和运营商定制……

重构，总是在最好的时候。

似乎每一步都走得很惊险，但是事实上，每一步都走得很稳健。

其实，背后逻辑并不复杂。

天宇朗通能够实现销量的持续增长，靠的正是业务系统和关键资源能力之间的相互支持。每次业务系统的变革，带动了关键资源能力的增长；关键资源能力的增长，又成为下一步业务系统变革的基础。两者就好像直角三角形的两条直角边，盈利是直角三角形的斜边。直角边越长，斜边越长。业务系统和关键资源能力的交替上升和相互支撑一起成就了天宇朗通的持续盈利（见图 10-6）。

2002 年年底之前，百利丰的八年代理商经历积累了天宇朗通的启动资本，同时，还有对渠道价值链的深刻理解和对国际国内手机厂商的优劣洞察。天宇朗通在成立后的业务系统设计，明眼人一看，就知道这是对国际和国内两种手机商业模式的扬弃和综合。

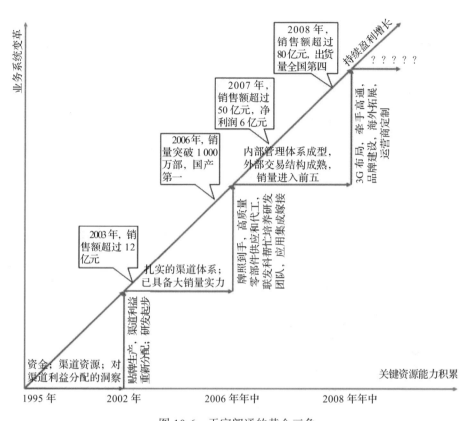

图 10-6 天宇朗通的黄金三角

　　而这种业务系统的变革，带来的是销售的增长、研发力量的增长、渠道资源的积累，这为拿到手机牌照后的天宇朗通的进一步升空提供了燃料。联发科愿意与其达成深度合作关系，富士康等愿意接受其合作条件，是前几年销售厚积薄发后激发的巨大销售量对天宇朗通实力的证明。

　　到 2008 年上半年，天语手机已经杀入了前五，研发能力、渠道能力、合作伙伴关系、内部管理控制都已经到了一个新的水平。于是，天宇朗通启动了新一轮的业务系统变革，涉足 3G，投资品牌。

　　关键资源能力已经具备了，这一次会延续之前的故事，继续成功下去吗？

　　我们拭目以待！

五朵金花：重构农村商业模式

——

成都市锦江区的三圣花乡（也称为三圣乡）以"五朵金花"闻名于世，在短短几年间取得了举世瞩目的经济效益。其成功，正得益于其先进商业模式的完善规划和有力推行。

五朵金花，指的是三圣花乡从 2003 年下半年开始倾力打造的 5 个富民项目，按照时间顺序先后为：花香农居、幸福梅林、江家菜地、东篱菊园、荷塘月色。

穷则变，变则通

逼出来的定位

三圣花乡流传着一句民谚："天晴一把刀，下雨一包糟，土地不多人人种，丰产不丰收"，人均耕地不过 7 分，土质为酸性膨胀土。这是先天不足。

而为了城市的长远发展考虑，这里被成都市定位为城市通风口和绿化用地，间接地为三圣乡走工业化封死了道路。这是后天没有条件。

先天不足，后天没条件，GDP 比例占全区不到 0.5%，但是住在这里的 1 万多农户也要走发家致富的道路。如何在夹缝中求生存谋发展，成了摆在锦江区和三圣乡政府领导班子面前的一道难题。从 2002 年开始，政府开始思考探索三圣乡的发展之路。

2003 年非典暴发，政府领导班子发现，人群都希望往人稀疏的地方走，城市里的公园地方小，环境差，根本满足不了市民的要求。乡村旅游和农家乐成了一种新时尚。

这或许是三圣乡的机遇？三圣乡班子分析了本区域的优势。

第一，三圣乡位于城乡交界处，交通便利，从市区中心区驱车过来，不超过半个小时。

第二，三圣乡素有花乡的美誉，在成都以至四川均有盛名，本地农户大多是花农，有资源的优势。

第三，最近几年农家乐发展势头很好，方兴未艾，是一个有利的机遇。

第四，农户发家致富的愿望普遍比较迫切，焦点在于政府能否拿出可行的发展蓝图。

但是，附近的农家乐星罗棋布，走别人的老路未必讨得了好。经过讨论、调研和专家论证，三圣乡决定把将来的发展定位为高于一般农家乐的乡村旅游，利用三圣乡的有利地理位置，把市民吸引过来，用城市人的消费搞活区域内的经济，原有农户、花园和农地则因地制宜，不动迁，只改造，农户就地变成市民。

全乡一盘棋，一步规划，分步实行

企业的战略导向分为三种：资源导向、目标导向和机会导向。对三圣乡的规划就从资源导向出发。这一步分为两部分：资源利用和资源整合。

先说资源利用。红砂村是西南乃至全国著名的花卉集散地，幸福村则是中国四大梅林之一，此外，江家堰、万福村、驸马村等村也各有自己的特色资源。只要稍加改造，就可以包装出品。因此，班子定下了以下的发展方针：一村一品，一村一景，一村一业，优势互补，协调发展。对应打造了五朵金花：花香农居、幸福梅林、江家菜地、东篱菊园、荷塘月色。

再说资源整合。这五朵金花在一起是有说法的，所谓"春有百花、夏有荷花、秋有菊花、冬有梅花、四季菜花"。因此这五个区域都有属于自己的旺季，例如夏天赏荷花到荷塘月色，秋天赏菊花则到东篱菊园，相应的区域自然顾客盈门，人头攒动，拥挤的游客为农家乐带来可观的经济收入。处于相应淡季的农家乐也会在热点区域的带动下分流一部分的顾客。淡季景区因此也得到一定时期的休整和完善，以迎接下一个旺季的到来。就这样循环往复，每个区域的农家乐都可以得到可观的经济效益。

这仅仅是相对于农家乐的餐饮而言，事实上，花卉企业，水果花环买卖并不存在淡季旺季之分，哪里的人多就往哪里去，只要一年四季的人流量足够大就无所谓。因此，对各个景区来说存在旺季和淡季，但是对整个三圣花乡景区来说却不存在淡季，全年四季都是旺季。

规划好了，说干就干，但是实行却不能一下子铺开，而是要稳扎稳打，分步实行。于是，2003 年下半年，三圣乡领导班子把指挥棒指向了红砂村，打造第一朵金花：花香农居。

第一朵金花：花香农居

选择红砂村作为突破口而不是一并推进，第一是为了稳扎稳打，先树立一个榜样；第二则是考虑到红砂村的独有资源。在还没有打造五朵金花之前，红砂村就是远近闻名的花乡。这里的农户几乎家家都有花园，收入中绝大一部分来自种花的收入，红砂村的花卉热销成都、四川乃至全国。

要发展红砂村，还得从花上面动脑筋。

不落幕花博会，花小钱办大事

政府班子着手申请承办全国花卉博览会，在竞选失败之后，又成功争取到了主办四川省首届花卉博览会的机会。

为了办好花博会，锦江区和三圣乡领导班子多次到重庆、浙江等地实地考察，并吸引了很多设计师为花博会设计方案。然而，绝大部分的方案着眼于推倒重建，建设费用不菲，最简单的方案也要几亿元，有的甚至需要十几亿元。这样劳民伤财地办花博会，一不现实，二不合算。

政府决定双管齐下：引入企业，农居就地改造。现有的农户不搬迁，已有的花园也继续保留，以原有农家为展台，以已有花卉市场为展馆，花小钱办大事，举办不落幕的花卉博览会。花博会场馆引入企业建设，哪家企业建设场馆就归哪家所有，花博会结束后，政府把这个场馆改造成西南最大的花卉交易市场。企业有了长期发展的基地，政府也不用投入一分钱，大家都得到了实惠，皆大欢喜。

对于农户，政府则采取自愿报名参与的原则，要求参与农户的已有房屋按统一风格装修改造，政府每平方米补贴 100 元，大概一栋补贴 1 万元，但农户自己还要投入两三万元。但这个政策一开始就遇到了阻力。农户心中没底：为期一周的花博会过去了我们怎么办？要是以后人都不来了，我们这两三万元的投入岂不是打了水漂？因此一开始报名的农户寥寥无几。政府把补贴比例进一步提高到 80%，这才吸引到了 35 户农户参与。由于这些农户还相对集中于一个区域，这给花博会的顺利开展提供了良好的场地基础。

2003 年 9 月 28 日，四川省首届花卉博览会在锦江区三圣乡顺利开幕。在短短的一个星期之间，吸引到了 103 万游客，这 35 户农户每天平均净利达到 3 万元。没有报名参加的农户，靠着卖茶水、食品、花环等，也收入颇丰。

给农户补贴 80 多万元，加上组织整合的十几万元，三圣乡投入不过才 100 万元（这部分支出来自于政府在乡镇企业的财政收入，以工业反哺农业的形式注资），却因此带来了 3 000 万元的经济效益。

红砂村的改革涉及原有居民 2 000 多人，加上外来占比 30% 的劳动力，受益群体达 3 000 多人。班子在红砂村的试验初战告捷。经过改造之后，花香农居景区内有蜀中茉莉花故里的茉莉园、百亩玫瑰主题风情园、维生花卉园艺等众多景点，拥有科技示范区、苗木种植区、精品盆花区、鲜切花展示区、川派盆景区、彩色植物区等六大花卉生产、观光片区，以及形形色色、林林总总近百余家休闲娱乐场所，成为成都近郊著名的休闲度假胜地。

看到参与的农户赚了个盆满钵满，剩下的农户也跃跃欲试，其他村的农户也主动找到了政府部门，表达了参与的热切愿望。政府对农户的补贴从 80% 慢慢地下降到 70%、50%，直至完全不补贴。参与的农户热情却不降反升，从未降温。

旅游节聚人气，农家乐上档次

2006 年 4 月 12 日，首届中国乡村旅游节在三圣乡的幸福梅林开幕。开幕式上宣布了国家旅游局命名成都市为中国农家乐旅游发源地和三圣花乡为国家 4A 级旅游景区的决定，并正式授牌。

农家乐是花香农居和幸福梅林开展得最好的旅游支持项目之一。作为三圣花乡为农户发家致富指明的主要道路，政府班子很是下了一番功夫来提高农家乐的档次。

刚开始搞农家乐的时候，食品口味、卫生、礼仪都是很大的问题。

为了解决这个问题，政府颇费周章。一开始，主要采取的是集中培训的方式，但收效甚微，课上农户们都很活跃，到了课下原来怎么样还是怎么样，几乎没什么改进。于是，政府采取了一系列更为贴近农户生活的措施。

首先，政府从四川烹饪学校重金聘请了一批厨师，一家农家乐免费配备一名，为期一个月。在这个月当中，农户可以看看人家厨师是怎么做的，近距离感受学习。一个月之后，假如农户觉得还需要续请，就要自己掏腰包了。有些农户因此和厨师结下了良好关系，干脆就直接聘请厨师了。

对于餐饮的服务礼仪，政府也有高招。政府先后组织了50多批人，不定期到市区的高级酒店和饭店参观学习服务礼仪。有一次，在去参观岷江饭店的路上，一位叫老赵的农户套着背心，穿着拖鞋，留着黑黑的长指甲，到了饭店的门口，看到里面衣着整洁、秩序井然的景象，老赵望而却步。为了让老赵学习体验更深刻，政府班子鼓励他进去用餐。不出所料，在门口老赵就被门卫拦了下来。第二天，老赵把指甲剪了，头发理了，穿戴整齐，再次进入饭店，这次畅通无阻。回到三圣乡后，老赵对自己的农家乐从卫生到装修，再到礼仪都下了一番大功夫整改。饭店被评为三星级，顾客盈门，生意兴隆。

说到星级，这是政府的另外一个规范。利用星级标准对农家乐从口味、卫生、服务各方面进行评级，高星级的农家乐可以适当地享受高价，用更优质的服务吸引附加值更高的顾客。星级评级使农家乐形成了公平、有序的竞争环境。

为了更好地办好农家乐，政府班子还专门聘请了三个顾问：文化顾问对农家乐的统一装修提出改造建议，餐饮顾问负责提升餐饮口味和饮食卫生，行为艺术顾问则对农户转变成专业餐饮服务人员进行礼仪和服务举止的培训。这三个顾问挨家逐户地走访，遇到问题就直接和农户沟通整改，致力于农家乐档次的升级。

此外，政府还鼓励干部的亲戚到农家乐去用餐，从顾客的角度对农家乐提出批评意见和改进建议。这一招一用即灵，顾客的一个意见比政府的千百次说教还管用。

一个典型的三星级农家乐，一般雇请三四个厨师，工资 1 000 多元，六七个服务人员，工资水平在六七百元。旺季的时候一天可以收入 3 000 元，淡季的时候每天也有几百元的收入。因此，粗略计算，除掉租金和成本，一个典型的三星级农家乐一年的净利润就可以轻轻松松达到一二十万。

当然，也有农户把自己的房子出租出去，自己另寻出路。一栋房子的租金也在 8 万～10 万元。说到这里，三圣乡的政府班子给我们讲了一件趣事儿。有个老范，在幸福梅林还没打造起来之前，就把房子按照 2.8 万元的价格租出去了。后来看到别人家都是 8 万、10 万元地出租，心里不是滋味儿，找到租户，赔了人家 1 万块钱，把房子收回来，按照 8 万元一年的租金重新租出去，还一下子收了 5 年的租金，一共 40 万元。老范花了 20 万元在城里买了一套房子，又花十几万买了一辆车，整天没事就开着车在园区里面逛。过了一段时间就无聊了。后来政府给他找了一个单位，让他带车上班当司机，一个月 1 500 元的薪水。生活过得有滋有味。

锦江区和三圣乡的政府就是这样，从管理、就业、支持等诸方面为区域内的农户提供最贴心最全面的服务。"这里的农户对政府 100% 拥护！"这里的政府领导对这点很自豪。

第二朵金花：幸福梅林

红砂村一炮打响之后，其他村的村民主动找到政府，要求加入乡村改造的行列。从 2004 年 7 月开始，政府开始着手打造第二朵金花：幸福梅林。幸福村的农户打出了"奋战 100 天，超过红砂村"的标语，热情高涨。

小农地大梅林，巧引凤图长计

中国有四大梅林，分别分布在南京、无锡、武汉、成都四个城市。南京、无锡、武汉地方邻近，其中最大的梅林也不过 300 亩，成都幸福村的梅林就有 600 亩，而且身处西南，资源稀缺，条件得天独厚。

要把幸福梅林做大做强，首先要解决的问题就是农户梅林资源分散造成的各自为政。政府是怎么解决这一问题的呢？

第一步就是把农户的土地流转。以前农户种植，每亩的收入不过才 800 元，政府以每亩 1 500～1 600 元的价格对农户的土地进行流转。随着三圣花乡的发展，每亩地的流转租金已经到了 2 000 元以上。按照锦江区政府班子的说法，这叫作第一次流转。

第二次流转则是把这些土地集中在一起租给知名的花卉企业，最开始引进的四五家企业中就有维生这样的国际品牌。农户到这些企业去打工，做的事情和原来并没有太大的区别，却增加了两份收入：土地流转的租金，到企业打工的工资。

相对于其他地方的花卉引资，三圣乡有什么优势呢？

第一，土地成本较高，但由于处于城乡交界处，物流成本较低，合计起来成本很合算。

第二，周边环境很好，这对生态环境要求比较高的花卉企业无疑具有无可比拟的吸引力。

第三，政府对招商引资条件优厚，态度真诚，这也是打动很多企业的原因之一。举个例子，为了把浙江的企业引入三圣乡，政府班子曾经住在当地，频繁拜访企业，用热诚的态度和务实的精神打动了他们。

短短几年之间，入驻三圣乡的企业就从四五家逐渐增加到三十几家。三圣乡的市场年交易量达到 3 亿枝，从引入企业之前的 30% 到后面的占成都市场的 70%。雇请的花农也越来越多。而随着农户的生活水平提高，很多农户有了更好的出路，有些自己还做起了老板。受雇请的外地人比例从最初的 30% 上升到后来的 80%，在发展自己的同时，幸福村的村民也为社会创造了就业。

随着入驻企业的增加，花卉树木的培育、养殖、加工、销售形成了产业链一条龙，名气也越来越大，不止在四川销售，有些还远销海外。例如向日本和荷兰出口银柳。

旧瓶子装新酒，引市场细护航

经过花博会和乡村旅游节的宣传，来到三圣花乡的人越来越多。每到周末，这里就人头攒动，熙熙攘攘。

除了简单的景观，三圣乡还加入了文化的润色。例如幸福梅林就建有梅花知识长廊、照壁、吟梅诗廊、精品梅园、梅花博物馆、湿地公园等人文景观，让游客们在看到巧夺天工的梅花盆景和中国稀有的梅花品种之外，还可以了解到梅花与中国精神，梅花与中国文学、中国书法、绘画艺术的渊源，梅花的生长规律、品种、分类、品梅方法等相关知识，让游客全面领略到梅花文化的独有魅力。

此外，幸福梅林还引进了蜡梅的种植和盆栽景观的培养。在加大技术含量和文化因素的同时，让农户的致富之路更坚实更宽广。

　　由于一年四季 12 个月都有花期，以花香农居和幸福梅林为龙头，三圣花乡贯彻"有节办节，无节办会"的策略，用节会吸引人气。以首届梅花节为例，其间幸福梅林接待市民和游人 130.7 万人次，餐饮经营收入 1 022 万元，梅花销售收入 243 万元。

　　这么多人到景区来游玩，吃喝玩乐缺一不可，于是，这么多人的消费就成了这里农户致富的源泉。他们可以蹬三轮车，租自行车，卖水果，卖花环，卖零食，等等。

　　除了这些传统的做法，幸福梅林还采取了比较先进的股份制方式，用市场体制为三圣乡的长久发展保驾护航。

　　幸福梅林建成后，政府采取集资入股的办法，修建"风雨长廊"，让不靠路边的农户享有 15% 的红利。在解决景观配套的同时，也让村集体经济有所收益，幸福村组建了公司，把电瓶车营运、污水处理、保洁和荒坡池塘的开发纳入村集体收入。"手中有粮，心中不慌"，幸福村领导班子有更多的资源和实力为下一步发展提供更为坚实的基础设施支持。

　　后来，这种集资入股的方式推广到其他村，股金成了三圣花乡农户的主要收入之一。

第三朵金花：江家菜地

　　花香农居和幸福梅林的成功，让我们对该地政府部门的神来之笔赞叹不已，对他们能够审时度势、因地制宜，充分利用自身关键资源能力发展地区经济的高招拍案叫绝。

　　但是，这里面不免有讨巧的地方：红砂村的花卉在没有改造之前就是成都最大的花卉集散地，而幸福村的梅林也早就是中国四大梅林之一，因此，有人认为，三圣花乡的成功只是得了地利，别人做不到只是因为没有那些资源。

因此，早在十几年前，有人在采访时任锦江区委书记白刚的时候就提过："你们的情况太特殊，未必是人人都学得来的。"白刚当场就反驳："怎么学不来？我们承认这两个地方（红砂村和幸福村）有一定的特殊性，但盆花、梅花你没有，菜地你也没有？种菜你总会吧？"

难道种菜也有什么奥妙？锦江区委又是教农户怎么种菜的？我们一起来看看"五朵金花"的第三朵：江家菜地。

江家堰的高招：售卖体验，换个种地的角色

"江家菜地"位于三圣乡江家堰村，紧邻幸福梅林所在的幸福村，是成都市推进城乡一体化的又一重点项目。说起江家堰村，曾经因为是成都市的蔬菜种植基地而声名远播，过去这里的农民种植的蔬菜主要是供应成都市的蔬菜市场，尽管蔬菜不愁没有市场，但是农户种地回报效益低的事实确实不容回避。世世代代面朝黄土背朝天的农民在自家的一亩三分地上演绎着传统农民辛劳的故事，致富的愿望曾经是那么遥不可及。

怎么办呢？和花香农居与幸福梅林一样，但是，和前两者售卖消费不同，这回三圣乡售卖的是：体验！是的，体验，让城里人到菜地种菜，体验原汁原味的农耕生活。

说起乡村体验，三圣乡并不是首创。在欧洲，德国的"度假农庄"、法国的"教育农园"、意大利的"绿色度假"等都受到了人们的热烈追捧。随着城市化进程的不断深入，农村越来越成为一种稀缺资源。我们知道，当资源稀缺了，它的价值就会上升。在农村和农地里的体验正慢慢演变成这样一种价值不断上升的稀缺资源。

江家堰如何售卖体验呢？农户们把自己的地整理出来，以一分为单位，交给城里人来认种，农户呢？退居二线当顾问。当然，假如城里人认

种之后无暇耕种，也可以雇请农户种植。一样的土地，不一样的模式，农户潜在地有了两份收入。

在首期的试验中，成都锦江区先把 147 亩菜地平整出来在锦江区内部认种。每分菜地 1 年 800 元钱。这 800 元钱包括：100 元种子、化肥、农药，150 元地租，350 元是劳动力，200 元给集体经济组织，负责养护整个基础设施和景点。认种后的土地由认种人选择种植的蔬菜的品种，由农户代为购买化肥，他们只需要在休闲的时候来到"自家的土地"上挥汗如雨，体验农耕生活即可。在他们无暇顾及自己种的作物的时候，由农户代为进行日常打理，结出来的成果由他们自行处理。当然，许多人都是选择了第一时间在附近的农家乐享受自己的"绿色食品"，这里给附近的农家乐带来的效益自然可观。那么如果种的菜吃不完怎么办？别担心，农户都为你计划好了，你可以委托销售机构代为销售，销售所得归你所有，让你真正体验"靠土地生活"，或者你可以"以物易物"的方式交换别人地里的菜，大家优势互补，享受过去淳朴的乡亲间"有肉大家吃"的浓郁人文情怀。

"江家菜地"规划面积 3 000 亩，一期实施 1 000 亩，其中包括"集团认种区"。根据租地协议，照看和指导租地的人种菜，是当地菜农的职责，村上还专门印了《蔬菜种植指南》的小册子，让"菜盲"也能上手。

结果，仅仅 3 天时间，147 亩菜地就被锦江区内部认种完毕，江家菜地农业合作社收到了 117 万元。当地的菜农每分地年收入一下子就达到 600 元，800 元中另外的钱则由江家菜地农业合作社用于景区改造发展等，菜农们高兴得不得了，加快了进度。到了今天，据这里的农户介绍，"原来比如说一亩地，自己的纯收入可能就是 1 000 多元钱，现在租出去以后，6 000 元，相应来说长了 5 倍。"这一实实在在的经济效益实现了许多人致富的梦想。

对于成都市区的城里人来说，现在有了新的休闲方式：下乡到自己的菜地上挥汗如雨，品尝亲手种出的新鲜蔬菜。城里人到乡下租地种菜，体验田园生活，在成都正悄然成为一种时尚。

售卖体验的延续：百花园乡村酒店

城里人周末到菜地里体验田园生活只是江家菜地振兴计划的第一步，锦江区委和三圣乡政府更为看重的是这些城里人所带来的消费能力。因此，政府为江家堰打造了配套完善的娱乐基础设施，让城里人来了就不想走，把餐饮、休闲和娱乐的消费也花在了这里。

但这里有一个前提，就是这些娱乐设施必须具备比较高的档次和与众不同的特色，否则，离中心市区不到半个小时车程的菜地和市区的高档酒店或者市民自己的住宅相比并无太多优势。

地处江家菜地的百花园乡村酒店是三圣乡倾心打造的景区里唯一集会议、餐饮、住宿和休闲于一体的星级酒店。这里除了会所和招待大厅，共建有 19 所四合院式的独立休闲别墅，每套四合院中有 6～8 间的房间，其中有一间大的套间，一个小型会议室，一个接待室，可以进行一些室内的休闲如棋牌等，以及一个设备齐全的厨房，十分适合城里人一家大小在这里体验完农业耕作后进行度假。由于酒店身处花团锦簇的菜地中间，环境优美，空气清新，远离尘嚣，加上设施完备，服务一流，自开业以来广受各地游客欢迎，入住率一直居高不下。据酒店管理人员介绍，百花园乡村酒店入住率一年平均在 60%，远远超过一般酒店的效率水平，而在节假日，则往往是一房难求，更别说整套四合院了。在经营管理上，引入成熟有经验的酒店管理公司。

在此有必要提及在百花园乡村酒店等类似大型项目上政府的投资和建设模式。

三圣乡政府在规划引导产业发展的同时，十分注重产权的利益，真正解决农户的后顾之忧，让农户在公平公开的政策下投入改造，不但避免了许多农村改造中群众和政府的产权纠纷，而且由于劲往一处使，心往一起用，创造的效益更加可观，许多配套的娱乐休闲设施才能顺利地建成并投入使用。

农户出租自己的土地获得的收益都是农户自己的，政府不插手，而在建设配套设施上，采用土地入股的形式，以股份的形式分享收益。仍然以百花园乡村酒店为例，在每个财政年度的收入中，酒店管理公司拿20%，余下的80%中，政府拿30%，余下的由农户按照股份的比例分享。按照一套四合院平时2 400元的日租价，考虑到节假日的溢价，一年平均下来能够达到1 000万元左右的营业额，而当地的劳动及管理成本低廉，可以想象创造的利润该有多高。政府的高明之处正在于通过股份制，让农户们享受到投资的高收益。

第四朵金花：东篱菊园

花香农居、幸福梅林和江家菜地都有一个共同的特点，那就是：因地制宜，但在原有的基础之上又有所发挥。而等到打造第四朵金花——东篱菊园的时候，五朵金花的规划蓝图和已成型的三朵金花都已经大获全胜，闻名遐迩。因此，东篱菊园的打造历程中创造的成分就大了很多，步伐上也从容了很多。

采菊东篱下：打造一条菊花的产业链

"采菊东篱下，悠然见南山"，位于驸马村的东篱菊园辐射了3个社，507户，面积3 000余亩。从成龙路到东篱菊园的路程仅一公里，交通十分便利。景区内地形以浅丘台地为主，当地的村民世代都依靠种植菊花为生，目前已经形成了菊花种植规模 2 700 余亩，菊花品种 1 000 多个，拥有盆栽菊花 300 余万盆的景区。赏秋菊固然赏心悦目，而东篱菊园的可贵之处在于它不只有秋菊，它大田栽种的春、夏、秋、冬四季菊花，形成了菊园独有的四季菊园景观，这也恰恰是一个永不落幕的菊花花博会。

驸马村的村民世代以栽种菊花闻名，世代传承的种菊文化使得因地制宜地沿用幸福梅林的创意模式在这里成为可能。通过规划建设，将过去各自为政的小花田整合成满山遍野极具视觉冲击力的菊花阵，在金秋十月，这里的菊花阵势毫不逊色于《满城尽带黄金甲》中的布景。它独特的魅力，为它聚集了人气，大大提升了菊花的文化艺术品位。

菊花阵只是吸引游客到这里观赏的一个缘起，过来之后如何引导他们消费才是驸马村发展模式破题的重中之重。东篱菊园避开了之前幸福梅林等三朵金花的农家乐模式，把眼光放在了招商引资上。也许，这会引来读者的质疑：招商引资岂不是又走了以前别的地方城乡一体化的老路，导致同质的竞争吗？而且，之前的三朵金花的重要卖点也都不在招商引资呀？

话虽没错，但东篱菊园采取招商引资的策略自有其考虑。

第一，正如上文所言，东篱菊园打造的时候，"五朵金花"作为一个整体的规划已经随着前面三朵金花的巨大成功而远近闻名了。这个时候，东篱菊园在招商引资上有了比较好的条件。幸福梅林等不招商引资有模式的考虑，同时更多的是条件的限制。当其时，估计即使在成都市也没多少人知道"五朵金花"和三圣花乡，遑论其他地方？因此，不招商引资，非不愿也，是不能也！

第二，传统城乡一体化的招商引资大都放在引入工厂走工业化道路上，而东篱菊园的高明之处在于把重点继续放在打造休闲乡村旅游资源上。而我们知道，第三产业或者说服务业，吸引就业的力度要远远大于第二产业，而且，也比第二产业更为可持续发展。而只要东篱菊园把基点放在菊花上，给游客一种不同于花香农居、幸福梅林的吸引力，这一切的计划就有了凭借。

于是，同样是菊花，东篱菊园通过菊花题材，打造出富有吸引力的旅游资源，促进传统农业向休闲经济发展，带动村民增收致富，达到"环境、人文、菊韵、花海"的和谐交融。而招商引资的重点则在于吸引企业投资兴建会所、乡村酒店，发展休闲、餐饮产业，聚集人气，壮大集体经济，打造西部绿色商务休闲谷。这种种措施，成功地延伸了菊花的产业链，将单纯地赏花，变成了一门休闲旅游经济。当地农户可以把参与服务业作为自己安身立命的工作，而原有的土地等资源跟其他村的处理并无不同，租地有租金，入股建设项目有分红，既得利益一点也没少。

东篱菊园的规划，以及政府与村民合力投资的基础设施的建设，为发展休闲产业奠定了基础，使得这里成为最成功的范例。政府兴建的基础设施和旅游设施里含有农户的股份。随着旅客的大量涌入和消费，这些设施获得了巨大的收益，作为投资者，农户也获得了丰厚的回报。比如，这里兴建的乡村酒店，都有当地的老百姓以土地入股的形式参与其中，产权明晰后，政府、农户、企业按比例取得收入，各得其所，当然大大提高了当地的经济水平。说到乡村酒店，有必要和上文提到的江家菜地的百花园乡村酒店区别一下。百花园定位在中高端游客，而东篱菊园的乡村酒店则面对广大中低端游客，虽然居住、休闲、餐饮、娱乐等设施也一应俱全，但是在档次和价格上都要平实得多，因此，既适合常住，也适合短租。

在总体的规划中，三圣乡街道办正准备将五朵金花打造成国家森林公园，成为成都的"城市之肺"，而东篱菊园又位于这个肺的中心，现在这里也引入了樱花的栽种。东篱菊园不仅仅是秋色无边，樱花烂漫的季节也能吸引游人，而且通过大面积栽种形成规模效益，与花香农居的模式也不存在同质的恶性竞争，又增加了新的盈利点。

菊花产业链的延续：文化润色

招商引资为东篱菊园的发展奠定了一个坚实的基础，而在此基础上拔高和着眼未来，则是东篱菊园和后面要讲的荷塘月色区别于前面三朵金花的特色所在，这就是：文化润色。前三朵金花在后期有意无意中也引入了文化的因素，而东篱菊园和荷塘月色可以说从一开始就把文化润色作为一个规划内容考虑在内。

东篱菊园成功地利用菊花在国人心中的品位以及其文化内涵，成功打出文化创意的招牌，通过建设民俗艺术村，打造属于每个人的艺术 DIY 乐园。

在东篱菊园这里，建有一座座乡村别墅般的艺术工坊，包括年画剪纸工坊、陶艺工坊、蜀绣织锦工坊、竹编藤编工坊、蜀漆银制品工坊、手工壁毯地毯工坊、菊花加工工坊等，不但汇集众多的民间手工艺，形成民俗大观园，而且通过这个模式，让文化产业进驻，既生产文化产品，也使游人访客能够在 DIY 的过程中过把艺术瘾，而且是众多的传统艺术汇集，有很大的规模效益。这也成功为当地居民找到了增收的途径：通过出租房屋、土地给企业获利，还能够在这些工坊工作，转型为产业工人，真正是让当地的许多民俗文化产生经济效益。

值得一提的是，这些艺术工坊有很大一部分是开放给创业者的，东篱菊园提出的口号是"民俗艺术村：艺术家的创业园"。创业者的特点就是起点低，但是发展空间大，前景比较远大。假如创业者在这里获得了巨大的成功，那么，对于东篱菊园的品牌打造无疑是非常有意义的，而且，起点越低，发展越好，东篱菊园作为一个整体的投资者能够获得的潜在利益就越大。

此外，东篱菊园还利用文化的概念，建设私人工艺品收藏馆、怀旧老电影院等，通过各种艺术展览，播放老电影，展示老照片，将传统时尚熔于一炉，从而在总体上以主题公园的形式，将菊花这一富有文化韵味的内在价值发掘到了极致。

这些民俗艺术村吸引了大量的游客，本地的农户也因地制宜地做起了服务业，原来熟悉这些民俗艺术的重操旧业，轻车熟路；原来不熟悉这些产业的则可以做辅助的餐饮、交通、艺术品销售、纪念品销售等。把人引进来了，如何去满足他们的消费，政府相信老百姓的思路比他们更活跃、更有创意也更有效果，这是锦江区委和三圣乡政府一以贯之的思路。

第五朵金花：荷塘月色

五朵金花里面，按照时间排序，荷塘月色是最迟打造的。因此在定位和操作手法上，比之前的四朵金花都要来得成熟，也蕴涵了三圣花乡作为一个整体在商业模式上新一轮革新的萌芽。

重构未动，基建先行

荷塘月色地处的万福村为浅丘台地，有一条名为沟河的小河从村中穿过，给村里带来了丰富的水资源，正是种植荷花的好地方。

兵马未动，粮草先行，政府做的第一件事就是出资进行万福村的基础设施建设。首先是对当地进行"三通一平"，进行了道路建设、污水处理等的基础建设。对当地的农房，采取"农户出资，政府补贴"的方式进行就地改造，用改造屋顶、修饰墙壁的"穿衣戴帽"方法，一栋栋巴蜀风格的成都民居和略带欧式风格的建筑群矗立在荷花群中间，构成了一道美丽的风景线。

同时，当地政府还积极引导农户，规范村里的建筑风格，在当地农户的墙壁上都有有趣涂鸦的画样；同时在画意村的入口的两边岩石上雕刻了很多精美的岩画，营造出一种浓郁的艺术氛围；在荷塘中精心设计了湖心路和亭台楼阁，荷花湖中曲径通幽，让绘画家、摄影家、游人们都能方便地近距离赏荷。真是人在景中，人景合一，原本美丽的荷塘更增一分生气。

依托"荷塘月色"优美环境带来的人流量，万福村的各农家发展农家乐、餐饮和茶馆服务，各家闲散劳动力还可在荷塘边贩卖小商品赚取收入。

如果仅仅如此，那"荷塘月色"也和普通的荷花公园及农家乐无太大区别。如何在此基础上形成更多的盈利点，或使现在的盈利点盈利能力更强，"荷塘月色"的商业模式亟待进一步升级。

同样一片荷塘，定位不同，商业模式不同，达到的效果也截然不同。

定位于文化产业基地，上下游延伸，打造完整艺术产业链

"荷塘月色"风景优美，空气清新，为了充分利用良好的自然景观环境，"荷塘月色"首先是倾力打造了"万福春光画意村"。万福村在沟河的两边修建了 24 座欧式风格的小别墅，每座面积在 180～200 平方米，每栋都配备有 50 平方米的创作室，将其出租给画家、书法家及艺术家进行创作。比如其中有油画画家万启仁、成都画院院长田旭中、四川师范大学艺术学院院长程锋等，他们长期在画意村内开展创作。这一举措给"荷塘月色"带来的好处，一是这些别墅建筑本身就是一种风景，直接丰富了景区的景致；二是给"荷塘月色"带来了一笔不菲的租金收入；同时，也将"荷塘月色"的艺术品位提升到了一个新的境界。

另外，这些艺术家的入住引起了社会的关注，并吸引大批画家、画商、艺术爱好者聚集在"荷塘月色"。于是"荷塘月色"更进一步引入了香港画界的知名企业——香港虎标行，在景区建成了中国虎标行文化艺术馆，作为艺术品展示、交易的场所，形成了一个创作、欣赏、交易的整套

艺术产业链。

"荷塘月色"原来面对的利益相关者无非是农户、游客两类。在引进知名艺术家和画行两种手段后，"荷塘月色"原来面对的利益相关者又增加了艺术家、画商和艺术爱好者三类。于是构成了农户——"荷塘月色"——游客，以及艺术家——"荷塘月色"——画商——艺术爱好者两类利益相关者群体。艺术家和艺术行的入驻提升了"荷塘月色"的艺术品位，使得其对游客的吸引力更大，人流量更大，让原来的盈利点盈利能力更强。在游客带来的盈利更多的情况下，景区能够有更多的资金投入进行景区建设，使"荷塘月色"的景色更加优美，对艺术家、画商和艺术爱好者吸引力更大，更何况他们本身也是游客的一类。两种利益相关者体系之间相互增强，形成正向的循环。

荷塘月色通过从农家乐旅游景点到文化产业基地的定位变化，引入文化产业的要素，至少有两点好处：一是增加了别墅租金、文化行租金等新的盈利点；二是通过文化内涵的提升有效扩大了人流量，使得原有的盈利点盈利能力更强。

除了日常的模式经营外，"荷塘月色"还会利用优美的环境和较高的知名度举办大型活动。例如，2007年，"荷塘月色"利用市场化运作，不花一分钱成功举办了第二届锦江区荷花节。由策划企业出钱来承办荷花节，而"荷塘月色"将景区的广告发布权承包给企业。这样"荷塘月色"便利用自己的知名度，不花一分钱举办了这次大型活动。企业则因为成功策划荷花节，快速提高了知名度。

在第二届锦江区荷花节上，举办了首届成都100%创意大奖赛、荷塘月色创意市集，以及农户涂鸦申报吉尼斯等一系列精彩纷呈、参与性强的活动。"荷花节"的成功举办，给景区带来了每年脉冲式的收入、知名度和人流量的提升。在荷花节开幕的时候，经营得好的农家乐一天的营业额可以超过 1 万元。更重要的是，通过荷花节，把传统的乡村游和城市先锋艺术相结合，"荷塘月色"正发生着脱胎换骨的变化，品位在不断提升。

资源有限创意无限：三圣花乡的新思考

三圣乡发展到一定程度，有一个问题是不可回避的，那就是在发展到一定程度之后，现有的农家乐、花卉种植、休闲旅游等产业会遇到收入瓶颈。毕竟，这些产业的附加值有限，所谓"一分耕耘，一分收获"，三圣乡这么点地方，能够开发的资源毕竟有限。

在这个问题上，三圣乡的政府领导班子显示出了难得的远见和战略思维高度。

首先是针对中心城区土地资源的瓶颈问题，三圣乡提出了"资源有限，创意无限"的发展口号，深化与成都市金堂县、蒲江县的跨区域合作，充分利用远郊县的土地资源和日照条件，扩展红砂村已有的发展空间。三圣乡定的目标是：年内形成 1 万亩以上的设施种植规模，年产鲜切花 8 亿枝，小盆花 8 000 万盆以上，全区花卉年交易额突破 10 亿元的目标。这不啻是再造了一个花香农居。按照这样的发展思路，三圣乡的资源瓶颈将不成其为问题。

针对已有产业附加值低的问题，三圣乡政府则着力于引进高水平的艺术馆。作为五朵金花的开拓者，红砂村的花香农居发展的艺术重点是雕塑。园区内引入了许燎原设计艺术博物馆。许燎原是当代著名的雕塑艺术家，为多种名牌酒品设计过包装，也为很多博物馆设计过雕塑品，其作品种类繁多，品牌效应好，附加值高。在许燎原设计艺术博物馆里面，我们可以看到无数名酒的珍藏包装，光一个五粮液珍藏包装的售价就达十几万元，遑论设计费了。此外，许燎原也在博物馆附近开了一个餐馆，里面的所有家具和装饰都是许燎原设计的，深深打着许燎原的烙印，打着红砂村和三圣花乡的烙印。

这些高层次的艺术博物馆的出现，让"下里巴人"和"阳春白雪"在这里交汇和融合，至少有三个好处。

第一，带动了相关文化产业的发展，鼓励园区农户投入相关的服务产业。

第二，提高了园区的档次，为下一步的转型和深度发展埋下了伏笔。

第三，吸引了更广泛和更有层次的游客。有一个忠实的"五朵金花"迷就曾经说："这几年这里的'农家乐'耍得更丰富了，打麻将、玩扑克已经过时了，租辆自行车边骑边游，看看摄影展、画展都挺好，如果再能遇上个什么节，活动就更多了。"

政府对这些文化产业的运作也很高明，有的是建设好了卖给外面的企业或者艺术馆，有的则土地出租给企业和艺术家自主运营。但不管怎么运作，有两点原则是不变的：第一，园区内的农户都可以土地入股，分享这些高端艺术的高收益；第二，政府在刚开始的时候一般都扮演引导市场化的角色，到一定时期之后就会溢价退出。也就是说，不管是政府还是农户，都是始终把获得经济利益作为第一要务，以适当的方式切入，在恰当的时机退出。

最后，政府正在着力引进高水平的赛车运动和高尔夫比赛，以吸引更多高附加值的游客来到景区进行更高水平的消费。区政府和乡街道办倾力打造的成都金港汽车赛道，正通过培育汽车赛事关联产业和汽车后端市场，吸引人流、聚集商气，三圣乡也因此大力发展了第三产业。截至2006年年底，三圣乡"五朵金花"景区已成功举办了2006年全国汽车场地越野锦标赛四川成都分站赛，近期的汽车赛事活动的日程也均已排满。这些高水平的比赛项目，必将实现更多就业，区域内以至周边农户也会因此得到更大的实惠。

更让人振奋的是，这些附加值极高的产业蕴涵着三圣花乡进一步起飞的萌芽。而由于采取了股份制，农户将会得到项目收益的直接投资回报，这才是提升农户收入和生活水平的不竭动力。

花儿为什么这样红

我们注意到，五朵金花的交易结构涉及五个不可或缺的角色：政府、农户（包括本地的和外来的）、游客、企业和艺术家或者艺术馆。人家说"三个女人一台戏"，但是在五朵金花的故事里面，却是真真正正的"五个主角一台戏"。为什么说他们都是主角呢？因为缺了谁都不行，每一个的地位都很重要。我们不妨挨个儿说下来。

从图 11-1 中的政府开始，我们顺时针地介绍。

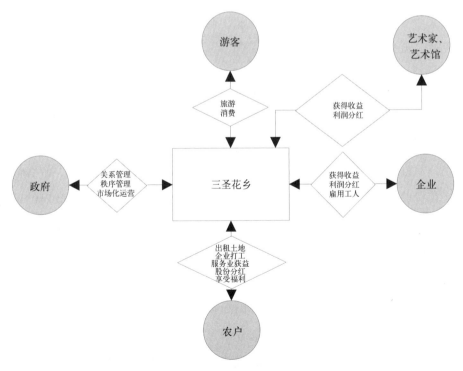

图 11-1　三圣花乡业务系统图

政府是整个交易结构的推动者，主要完成三方面的职能。

关系管理： 整个交易结构涉及企业、艺术家、农户和游客等诸多利益相关者，怎样从他们的利益出发，引导他们的行为，以达到富民的最终目的，这就涉及诸方面交易关系的处理，承担这一任务非政府莫属。在土地的出租、农房的改造、企业的引入等场合，都不乏政府忙碌的身影。

秩序管理： 整个园区要达成整洁、有序、有效的结果，政府就必须从自己的高度和资源的便利出发，对整个园区进行规范化管理。上文提到的政府对农家乐卫生、礼仪、装修等方面的规范和支持就充分体现了这一职能。

市场化运营： 从市场的角度来看，从各方的利益和立场出发去推动他们而不是发出行政命令，这点至关重要。政府在这点上很冷静，每个项目的运作起始都是以行政拥有的资源和便利去引导，到发展相对成熟的阶段就交给市场去处理，政府则溢价退出，收获的利益则一小部分自留搞基础设施，大部分分给农户。

游客无疑是三圣花乡存在的价值所在，也是三圣花乡最终是否成功的关键所在。三圣花乡靠自己的五朵金花打造的优美环境吸引游客到景区旅游消费，游客因此得到了美好的消费体验，三圣花乡则收获了经济上的利益。双方均得其所哉。值得一提的是，进入园区是不需要门票的，游客最终花费的多寡完全取决于自己的消费决定。在这点上无疑体现了政府的远见卓识。也就是说，政府很清楚，自己的收入并不来自于景观，景观只是筑巢引凤的由头，三圣花乡的定位是乡村旅游，赚取游客在景区里面的巨大消费才是根本。

艺术家进驻园区，由游客资源的消费获得收益，同时由于利用园区的资源，有责任把自己利润中的一部分作为分红，让政府和农户获益。

企业则除了利用园区资源获得收益并分红之外，还雇用工人（包括乡里面的原住民和外来的），为三圣花乡创造可观的就业机会。

最后，我们有必要对农户做一个特写。因为这是整个交易结构的目的，五朵金花的打造就是为了富民，假如最后农户得不到实惠，那是完全没有意义的。

农户得到实惠了吗？是的。

农户在三圣花乡这个大环境下主要做五件事情，每部分都获得收入。

- 出租土地，获得租金。
- 到企业打工，获得工资。
- 开办服务业，获得投资收益。这包括农家乐、景区的车辆服务、零售服务、艺术品的相关服务等。
- 宅基地入股获得企业和艺术馆等外来投资实体的股份分红。
- 参与社会保障获得福利收入。据了解，农户达到社会保障条件后，每月可领取 364 元的养老金、210 元的低保金、报销住院费等"保障金"收入。

当然，以上五种收入并不是每个人都有的，有的也是不可兼得的。但收入来源多样化，收入水平自然就得到了上升，收入的风险也得到了有效的控制。农户的确从中得到了实实在在的好处。

这个交易结构的效率怎么样呢？我们让数字来说话。

按常规的城市化推进标准（包括公园建设），每平方公里需要投入 1.5 亿元。但是三圣花乡每平方公里仅仅投入了 1 500 万元，节省了 90% 的成本。投入节约了，成效却一点不减分：环境保护了，现在园区里面到处鸟语花香；收益更高了，2007 年的人均收入破万元；满意度更高了，老百姓对政府 100% 支持。投入小，产出大，三圣乡"五朵金花"这盘棋的下法尽得商业模式的精髓。

其实，常规的城市化推进进程基本上只涉及两个主体：政府和农户。政府推掉旧房，建立新房。农户退耕当市民。最多再加上第三个主体，就是引入企业，招商引资，雇用农户，让农户当市民之后有持续发展的经济基础。这个进程的最终目的在于把农户变成市民。

但是，三圣乡的做法却不是让农户走出去当市民，而是把市民引进来消费，至于农户最后是不是转化成市民了并不是重点，根本目的是让农户富有起来。简单地把"走出去"改为"引进来"，把"市民化"变为"富民化"，角度不一样，思路就不一样，效果自然也大不一样。事实上，三圣花乡改造以后，农户的居民身份（从户籍制度上看，事实上他们早就不是农业户口了）上面会加注一栏："是否农业劳动者"。这一栏关系到你是否有资格参与股份的分红和各种福利保障。三圣乡的政府官员跟我们开玩笑说：我们做梦都想得到"农业劳动者"的资格，他们现在的收入可比我们强多了！

"五朵金花"启示录

三圣花乡的五朵金花，从政治角度解读，是建设社会主义新农村的典范；而从商业模式角度解读，则是重构农村商业模式的政府典范。我们可以从中得到什么启示呢？

第一，农户发家致富的道路有很多，所谓"条条大路通罗马"，并不只有招商引资、搞第二产业、让农户变成工人这一条道路。像三圣乡这样，把城里人引进来，农户就地做服务业，大力发展第三产业就是一条明路。套用原锦江区委书记白刚的话说："办法都是人想出来的，难题也能变成机会。重要的是，你一定要去想问题。"

第二，每个地方的情况都不一样，要因地制宜，具体情况具体分析。

正如三圣乡五个村的原有资源能力不一样，那么在具体打造的过程中就要最大化原有的优势，走各自有特色的发展道路。

第三，在邻近区域之间，要做到全局一盘棋。所谓大师，是可以兼顾宏观和微观的。兼顾全局的好处在于可以进行区域间优劣势互补，达到最大化整体效益的结果。

第四，优异的商业模式离不开细致的管理模式支撑。三圣乡在很多项目的背后做的工作都很细致，例如，对餐饮的规范，对农居的装饰，对农家乐的评级，都体现了这种细致的工作态度。我们相信，没有这样的细致作为支撑，三圣乡的成功要打一个问号，至少在效果上会大打折扣。

关于五朵金花商业模式的探讨到此告一段落，三圣乡的发展却正在路上，每天都有新的一页在翻开，我们和读者一起，继续关注三圣花乡，关注五朵金花。

参考文献

[1] 魏炜，朱武祥. 发现商业模式 [M]. 北京：机械工业出版社，2009.

[2] 埃德莎姆. 德鲁克的最后忠告 [M]. 吴振阳，倪建明，等译. 北京：机械工业出版社，2008.

[3] 程东升，刘丽丽. 华为真相 [M]. 北京：当代中国出版社，2003.

[4] 切萨布鲁夫. 开放式创新 [M]. 金马，译. 北京：清华大学出版社，2005.

[5] 于海澜. 企业架构 [M]. 北京：东方出版社，2009.

[6] 孙黎，朱武祥. 轻资产运营 [M]. 北京：中国社会科学出版社，2003.

魏 朱 商 业 模 式 系 列

ISBN：978-7-111-74722-2

ISBN：978-7-111-74715-4

ISBN：978-7-111-74693-5

ISBN：978-7-111-74692-8

ISBN：978-7-111-74909-7

ISBN：978-7-111-74677-5

最新版

"日本经营之圣"稻盛和夫经营学系列

任正非、张瑞敏、孙正义、俞敏洪、陈春花、杨国安　联袂推荐

序号	书号	书名	作者
1	978-7-111-63557-4	干法	[日]稻盛和夫
2	978-7-111-59009-5	干法(口袋版)	[日]稻盛和夫
3	978-7-111-59953-1	干法(图解版)	[日]稻盛和夫
4	978-7-111-49824-7	干法(精装)	[日]稻盛和夫
5	978-7-111-47025-0	领导者的资质	[日]稻盛和夫
6	978-7-111-63438-6	领导者的资质(口袋版)	[日]稻盛和夫
7	978-7-111-50219-7	阿米巴经营(实战篇)	[日]森田直行
8	978-7-111-48914-6	调动员工积极性的七个关键	[日]稻盛和夫
9	978-7-111-54638-2	敬天爱人:从零开始的挑战	[日]稻盛和夫
10	978-7-111-54296-4	匠人匠心:愚直的坚持	[日]稻盛和夫 山中伸弥
11	978-7-111-57212-1	稻盛和夫谈经营:创造高收益与商业拓展	[日]稻盛和夫
12	978-7-111-57213-8	稻盛和夫谈经营:人才培养与企业传承	[日]稻盛和夫
13	978-7-111-59093-4	稻盛和夫经营学	[日]稻盛和夫
14	978-7-111-63157-6	稻盛和夫经营学(口袋版)	[日]稻盛和夫
15	978-7-111-59636-3	稻盛和夫哲学精要	[日]稻盛和夫
16	978-7-111-59303-4	稻盛哲学为什么激励人:擅用脑科学,带出好团队	[日]岩崎一郎
17	978-7-111-51021-5	拯救人类的哲学	[日]稻盛和夫 梅原猛
18	978-7-111-64261-9	六项精进实践	[日]村田忠嗣
19	978-7-111-61685-6	经营十二条实践	[日]村田忠嗣
20	978-7-111-67962-2	会计七原则实践	[日]村田忠嗣
21	978-7-111-66654-7	信任员工:用爱经营,构筑信赖的伙伴关系	[日]宫田博文
22	978-7-111-63999-2	与万物共生:低碳社会的发展观	[日]稻盛和夫
23	978-7-111-66076-7	与自然和谐:低碳社会的环境观	[日]稻盛和夫
24	978-7-111-70571-0	稻盛和夫如是说	[日]稻盛和夫
25	978-7-111-71820-8	哲学之刀:稻盛和夫笔下的"新日本 新经营"	[日]稻盛和夫